AF202442

Die kleine Buchreihe

Paarberatung auf den Punkt gebracht

Bibliografische Informationen der
Deutschen Nationalbibliothek:

Die Deutsche Nationalbibliothek verzeichnet diese Publikation
in der Deutschen Nationalbibliografie. Bibliografische Daten
im Internet über http://www.dnb.de abrufbar.

Bernd Nickel:
Paarberatung auf den Punkt gebracht Band 1:
Wunschlos glücklich in der Partnerschaft? Wie Langzeitbeziehungen gelingen können

Umschlag und Satz: satzmeer, Frankfurt am Main
Umschlagabbildung: © Adobe Stock

Verlag & Druck: tredition GmbH, Halenreie 40 – 44, 22359 Hamburg

ISBN 978-3-347-03878-3 (Paperback)
ISBN 978-3-347-03879-0 (Hardcover)
ISBN 978-3-347-03880-6 (e-Book)

Bernd Nickel

Paarberatung auf den Punkt gebracht
Band 1

Wunschlos glücklich in der Partnerschaft?

Wie Langzeitbeziehungen gelingen können

tredition®

Inklusive eines 50-Euro-Gutscheins

Inhalt

Vorwort

2018 habe ich das Buch „Im Spiegel der Liebe"[1] veröffentlicht. Aus einem kleinen Vorhaben entstand damals ein ausführlicher Überblick über Themen aus der Paarberatung. Mit dem vorliegenden Buch eröffne ich nun eine „kleine Buchreihe", die einen anderen Ansatz hat. In jedem Band soll ein einzelnes Thema aus der Paarberatung kompakt auf den Punkt gebracht werden. Im ersten Buch dieser Reihe betrachten wir das am häufigsten genannte Thema in der Paarberatung: „Unsere Beziehung lässt wichtige Wünsche offen".

Geplant sind als weitere Themen „Mein Partner ist lustlos", „Mein Partner ist eifersüchtig" sowie „Männer erleben die Liebe anders, Frauen auch".

Inspiration hole ich mir insbesondere aus den Büchern „Lebt die Liebe, die ihr habt" von Michael Mary und „Gefühle sind keine Krankheit" von Christian Peter Dogs und Nina Poelchau sowie „Ein Lob der Vernunftehe" von Arnold Retzer.

In seinem Buch „Lebt die Liebe, die ihr habt" betrachtet Michael Mary ausführlich die Unterschiede zwischen der Partnerschaftsperspektive und der Beziehungsperspektive. Als systemischer Paarberater konzentriere ich mich in meinem „kleinen" Themenbuch auf die lösungsorientierte Beziehungsperspektive, dies nach dem Motto „Reduzierung auf das Wesentliche". Wer mehr

---

1 Nähere Angaben siehe S. 95

über die beiden Perspektiven lesen möchte, dem empfehle ich das genannte Buch von Michael Mary.

Den größten Einfluss auf die Inhalte meiner Bücher haben jedoch mein eigenes Leben und die im Laufe von fünfzehn Jahren mit mehr als achttausend Paaren in meiner Praxis für systemische Paartherapie gesammelten Erfahrungen.

Aus diesem Wissen, den Inspirationen aus meiner Praxis und den Gedanken der Wissenschaft ist ein Resümee entstanden, das Paaren einen Ansatz für die eigene Beschäftigung mit dem facettenreichen Thema Liebe an die Hand geben soll. Dennoch ist dieses kleine Buch kein wissenschaftliches Werk, sondern vielmehr eine Leselektüre für jedermann. Sie will zum Nachdenken und Nachjustieren von vorhandenen Einstellungen zur Liebe und zu damit verbundenen Themen anregen.

Zur Paarberatung selbst

Dieses Buch, so wie alle anderen Bücher auf dem Markt auch, enthält Meinungen und Ansichten des Autors. Bücher alleine bringen keine Lösung. Bücher lesen bringt keine Veränderung. Jedes Buch kann und soll nur eine Inspiration sein. Wenn Sie selbst Lösungsversuche gestartet haben und keine Lösung finden, dann kann die eine oder andere Unterstützung durch ein Buch durchaus von Nutzen sein. Dazu gehört auch eine ergebnisoffene Paarberatung, bei der im Gespräch natürlich auf die individuelle Situation eingegangen werden kann.

Sehen Sie dazu auch das Kapitel „Wie funktioniert eine gute Paarberatung" auf Seite 82 in diesem Buch.

Liebesarten

Definition

In meinem ersten Buch „Im Spiegel der Liebe" finden Sie ein Kapitel „Die Schattierungen der Liebe". Im vorliegenden Buch habe ich den Begriff „Liebesarten" gewählt. Damit beziehe ich mich auf die schon in der griechischen Antike genannten Liebesarten.

Philia bezeichnet die **freundschaftliche Liebe.**

Agape bezeichnet die **partnerschaftliche Liebe.** (Früher auch die göttliche Liebe genannt.)

Eros bezeichnet die **leidenschaftliche Liebe.**

Es sind die drei Liebesbeziehungen mit Bindung und Zukunftsplänen. Hinzu kommen noch die zwei Liebesarten ohne Bindung.

Ludus, die **spielerische und ungebundene Liebe,** manchmal auch freie Liebe bzw. Casual-Sex[2] genannt, und

Pragma, die **pragmatische Liebe,** bei der die Partner zusammenbleiben wegen materieller und/oder sozialer Vorteile.

---

2 „Casual Sex (auch Gelegenheitssex oder Casual Dating) bezieht sich auf verschiedene Arten von sexuellen Aktivitäten außerhalb des Bereiches romantischer Beziehungen. Das Spektrum reicht dabei von einmaligen sexuellen Begegnungen bis zu langfristigen Arrangements außerhalb einer traditionellen romantischen Zweierbeziehung." https://de.wikipedia.org/wiki/Casual_Sex

Ludus und Pragma werden oft gelebt, sind aber letztendlich keine Beziehungen mit Bindung und sollen daher kein Thema dieses kleinen Buches sein.

Bei Ludus und Pragma können – müssen aber nicht – auch freundschaftliche und partnerschaftliche Aspekte dabei sein. In beiden Fällen geht man vor allem keine Liebesbeziehung mit Bindung ein und kommt auch nicht mit den Bezugspersonen der Kindheit in Kontakt. Man ist aus reinen Lustaspekten oder rein pragmatischen Aspekten ein Paar. Daher gibt es auch nie die Probleme wie in einer Beziehung mit Bindung.

Die griechischen Namen Philia, Agape, Eros, Ludus und Pragma für die verschiedenen Arten der Liebe benutze ich deshalb, da dies auch ein Hinweis ist, dass die Aufteilung der Liebe keine neue Erfindung ist. Schon in Urzeiten gab es nicht die EINE Liebe, sondern die Liebe wurde in ihrer Eigenschaft unterschieden, da schon früh klar war, dass es nicht die EINE Liebe gibt, die alles abdeckt. Zum besseren Verständnis verwende ich nachfolgend im Text des Buches die deutschen Bezeichnungen für die Arten der Liebe.

Erläuterungen

Sie bewegen sich in Ihrer Beziehung nie ausschließlich in einem der drei Bereiche. Es gibt vielmehr einen Schwerpunkt mit Aspekten der anderen zwei Bereiche, und diese Schwerpunkte können sich auch durchaus verschieben. Es kommt darauf an zu wissen, was der momentane Schwerpunkt in Ihrer Liebesbeziehung ist, um sich darauf einstellen zu können.

- ❖ Die **freundschaftliche Liebe**. Es ist eine Art der Liebe, bei der die freundschaftliche Beziehung zwischen den Liebenden im Vordergrund steht, ein Geben und Nehmen in Parität, die gegenseitige Anerkennung und das gegenseitige Verstehen.
  - ❖ Basierend auf beiderseitigem Interesse. Dabei ist Philia abhängig von der Reaktion des/der Geliebten. Progressiv – „wenn du gibst, bekommst du zurück". Sie kann aber auch regressiv sein, weil sie sich immer weiter abbaut, wenn die Reaktionen des Partners abnehmen. Sie hängt also immer von dem ab, was zurückkommt.
  - ❖ Basierend auf beiderseitigem Vergnügen und der Pflege geistiger Güter.
  - ❖ Basierend auf beiderseitiger Anerkennung.
- ❖ Die **partnerschaftliche Liebe**. Eine von Wohlwollen geprägte Liebe, die nicht notwendigerweise das Bestehen einer Freundschaft voraussetzt oder darauf abzielt. Hat die Beziehung einen partnerschaftlichen Schwerpunkt, dann ist man verlässlich, ehrlich, vertrauenswürdig und respektvoll, verhandelt miteinander und schließt Kompromisse. Partnerschaft

beruht auf Verhandlungslogik. Es werden Verabredungen und Vereinbarungen geschlossen. Hier geht es um alles, was verhandelbar ist, und um Kompromisse. Verhalten: Verlässlichkeit, Berechenbarkeit, Vertragstreue. Partnerschaft bedeutet, aneinander teilzuhaben, füreinander nützlich zu sein. Partnerschaft im Sinne einer Gemeinschaft. Das Maß der Bindung und der Verpflichtung ist bei einer Partnerschaft höher als bei den anderen Liebesarten. In einem engeren Sinne bezeichnet Partnerschaft auch die Selbstverpflichtung, die zwei Menschen, die sich auf Augenhöhe begegnen, in einer auf dauerhaften Bestand angelegten Beziehung eingehen.

❖ Die sinnlich-erotische, emotionale, begehrende, **leidenschaftliche Liebe**. Es ist eine fordernde Liebe. Sie setzt keine Freundschaft und/oder Partnerschaft voraus und braucht auch nicht darauf abzuzielen. Teilweise widerspricht sie sogar den anderen Liebesarten. Hat die Beziehung einen emotional-leidenschaftlichen Schwerpunkt, sollte man dem Abstand – räumlich oder psychisch – eine große Bedeutung beimessen, damit das Begehren überhaupt auftreten kann. Eine emotional-leidenschaftliche und begehrende Liebe würde, im Gegensatz zur freundschaftlichen Liebe, nie etwas teilen. Der Zweck ist Sex mit leidenschaftlichem Begehren in eher seltenen Begegnungen und darin der Wunsch nach intimer körperlicher Nähe. Verhalten: Zuwendung/Öffnung zum Innersten. Wobei es sich hier auch um eine feste Beziehung und nicht um eine Affäre handelt. Eine Affäre, ein Seitensprung oder Sexverabredungen à la „tinder" oder

„badoo"[3] (matchen, chatten, flirten, daten) sind meist unter Ludus zu subsumieren – Ludus, die spielerische ungebundene Liebe, manchmal auch freie Liebe oder neuerdings Casual Sex genannt. Wir wollen in diesem Buch jedoch ausschließlich die Liebesarten in einer Beziehung mit Bindung betrachten.

Oft sind die Paare dann sogar entsetzt und fragen: „Soll das heißen, wenn wir eine Paarbeziehung mit einem deutlich freundschaftlichen und/oder partnerschaftlichen Schwerpunkt haben, dass wir dann keine Leidenschaft und Begehren leben und erleben können?"

Ja, das heißt es. Das heißt aber nicht, dass keine Sexualität gelebt und erlebt werden kann. Sexualität ja, aber nicht mit dem heißen Begehren und der heißen Leidenschaft wie bei den Paaren, die sich selten sehen und dann übereinander herfallen, oder wie sie zu Beginn einer Liebesbeziehung erlebt wird. Die Tatsache, dass man sich am Anfang fremd ist, weckt das Begehren und die Leidenschaft. Man befindet sich im Eroberungsmodus.

Klar und unmissverständlich: Alles in einer Beziehung haben zu wollen, geht nicht und wird auch nicht gehen. Also weg vom Machbarkeitswahn, alles sei möglich, wenn man nur fest genug will. Die AMEFI-Vorstellung „Alles-Mit-Einem-Für-Immer" gibt es in der Realität nicht. Kommen wir weg von der Erwartung, dass sich einer verändern muss, so wie es der andere sich vorstellt.

---

3 https://tinder.com/?lang=de oder https://badoo.com/de/

Noch eine Antwort auf eine oft gestellte Frage. Wenn der Eros in der Liebesbeziehung mit Bindung keine bedeutende Rolle (mehr) spielt, heißt es nicht, dass man sich das Fehlende im Außen holen oder eine offene Beziehung vereinbaren muss. Wenn einem die Beziehung, so wie sie sich aktuell darstellt, viel bedeutet, kann man auf diesen fehlenden Aspekt verzichten. Jeder muss für sich entscheiden, was ihm die Beziehung wert ist und auf was man verzichten kann und auf was nicht.

Ich kenne einen Fall, bei dem eine Seite der anderen Seite eröffnet, dass kein Interesse mehr an Sex besteht. Hier bin ich der Meinung, „wahre Liebe lässt frei" und gibt dem Partner, der noch Sex erleben möchte, die Möglichkeit und die Freiheit, dies im Außen zu erleben. Es selbst nicht zu wollen und damit den Partner zu kastrieren, hat meiner Meinung nach nichts mit Liebe, sondern mit Besitzen wollen zu tun. Wobei es interessant wäre, zu erforschen, ob man wirklich Sex erleben oder begehrt werden will.

Und wenn sich doch aufseiten eines Partners etwas ändert, dann respektiert man dies und sucht gemeinsam nach Wegen, es in die Beziehung zu integrieren.

Die Sicht der Dinge

Partnerschaftsperspektive versus Beziehungsperspektive

Als systemischer Paartherapeut habe ich viele Aspekte aus dem Buch „Erlebte Beratung mit Paaren" von Michael Mary eingebaut. Die Bezeichnungen „Beziehungsperspektive" und „Partnerschaftsperspektive" übernehme ich, weil ich sie sehr treffend finde aus Michael Marys Buch „Lebt die Liebe, die ihr habt"[4].

Die Partnerschaftsperspektive suggeriert, dass jedem Paar auf Dauer alles möglich ist. Man muss es nur genügend wollen und alles richtig machen. Diesen Machbarkeitswahn halte ich für nicht realistisch. Meine Aufforderung lautet daher: „Lebt die Liebe, die in eurer Beziehung möglich ist." Was will ich damit sagen?

Eine Liebesbeziehung, die über das Stadium des Verliebtseins hinausgeht, wird nicht alles, was in einer Beziehung gewünscht und erhofft wird, liefern können. Wenn zwei Menschen verliebt sind, leben sie in der Hoffnung, dass nun diese Beziehung alles Gewünschte und Ersehnte in ihr Leben bringt. Doch das sind Vorstellungen und unrealistische Erwartungen, die zwangsläufig enttäuscht werden.

---

4 Siehe Literaturhinweise S. 92

Wenn zwei Menschen

❖ eine leidenschaftliche, begehrende Liebe leben, bedeutet dies nicht, dass beide die freundschaftliche oder partnerschaftliche Liebe leben können,

❖ eine partnerschaftliche oder freundschaftliche Liebe leben, bedeutet dies nicht, dass beide sich dauerhaft begehren.

Die Formulierung „lebt die Liebe, die in eurer Beziehung möglich ist" zeigt, dass Partner nicht über ihre Liebe und deren Mischung aus den drei Liebesformen bestimmen können.

Diese Zusammenhänge lassen sich aus der Beziehungsperspektive erläutern, weshalb ich mich später in diesem Buch etwas ausführlicher damit befassen werde. Die Beziehungsperspektive orientiert sich im Gegensatz zur Partnerschaftsperspektive nicht an Idealen, Vorgaben und Wünschen, sondern an den Möglichkeiten einer konkreten Beziehung. Sie fragt: „Was ist zwei bestimmten Menschen im gegenwärtigen Moment mit den aktuellen Umgebungsvariablen, der Beziehungswelt, dem sozialen Umfeld und der Innenwelt der beiden Partner sowie dem nach außen Gelebten miteinander realisierbar?" Welche Liebe den Partnern möglich ist, hängt sowohl von allgemeinen wie von individuellen Faktoren der beiden Menschen ab.

Wenn Paare zu mir kommen, sind sie meist in der Partnerschaftsperspektive. Diese suggeriert ihnen, dass jedem Paar auf Dauer alles möglich ist. Man muss es nur genug wollen und alles richtig machen. Diesen Machbarkeitswahn halte ich für nicht realistisch. Meine Aufforderung lautet daher: „Lebt die Liebe, die in eurer Beziehung möglich ist".

Wenn Sie scheinbar unlösbare Probleme haben, sagt Ihre Beziehung aus der Beziehungsperspektive:

Ihr habt euer Bestes getan, mich an eure Erwartungen anzupassen. Jetzt habt ihr mein Wesen anerkannt und festgestellt, dass einiges im Moment nicht geht, wie ihr es euch vorgestellt habt, vor allem, dass es so nicht geht, wie es von euch in den letzten Jahren probiert wurde.

Michael Mary schreibt dazu:

„Glückliche Paare haben aufgehört, ihre Beziehung an die eigenen Vorstellungen anpassen zu wollen, stattdessen passen sie sich an ihre Beziehung an.

Glückliche Paare haben aufgehört, ihre Beziehung als Selbstbedienungseinrichtung zu sehen, stattdessen schätzen sie die Liebe, die ihnen möglich ist und stellen sich dazu auf ihre Beziehung ein."[5]

Wie passen Sie sich nun an Ihre Beziehung an, und wie stellen Sie sich auf sie ein?

Lesen Sie den nachfolgenden Text über die drei Liebesarten und überlegen Sie, was Sie in Ihrer Liebesbeziehung in glücklichen Zeiten gelebt haben. Glückliche Zeiten zeigen Ihnen, was für Ihre Liebesbeziehung ein guter Weg ist. Unglückliche Zeiten zeigen, dass es dies nicht ist, was die Beziehung will und was in der Beziehung lebbar ist.

---

5 Michael Mary: Lebt die Liebe, die ihr habt, S. 177

Wir haben da ein Problem

Wenn Paare zur Paarberatung kommen, dann meist mit dem Thema „Wir haben da ein Problem". Sogar Paare, die sich neu kennengelernt, oder Paare, die sich wieder versöhnt haben, kommen manchmal mit der Frage „Wir wollen in Zukunft alles richtig machen. Was müssen wir beachten?".

Zu diesem zweiten Thema gibt es eine vereinfachte bildhafte Antwort: „Sie können sich nicht im Voraus rasieren". Was ist meine Botschaft mit dieser Metapher?

Der Versuch, alles richtig zu machen, wird nicht funktionieren. Denn kein Mensch weiß, wie er oder der Partner sich verändern wird, wie sich die Beziehung verändern wird und welche Herausforderungen von außen kommen. Probleme kann man erst angehen, wenn sie da sind. Gehen Sie weiter nicht davon aus, dass es generelle Lösungen und generelle Geheimnisse für eine glückliche Beziehung gibt. Jeder Mensch ist ein Mysterium, und eine zwischen zwei Menschen entstehende Beziehung ist ein noch größeres Mysterium. Schwimmen lernen Sie im Wasser, nicht auf der Wiese. Beziehung lernen Sie in der Beziehung. Leben und erleben Sie die Beziehung und lassen Sie sich überraschen, was Ihre Beziehung alles so mit sich bringt.

Zum Thema „Wir haben da ein Problem" gibt es keine einfache Antwort. Davon handelt dieses Buch. Wobei dieses Buch auch nur Aspekte des Beziehungslebens beleuchten kann, und auch für sie gibt es keine generellen Antworten.

Es gibt keine Probleme, es gibt nur Tatsachen

Im Leben gibt es viele Tatsachen. Erst wenn eine Soll-vorstellung entsteht, diese Sollvorstellung mit dem Ist-zustand verglichen und dann der Unterschied negativ bewertet wird, erst dann ist da ein Problem.

Zu der Aussage „Wir haben da ein Problem" gibt es eine Grundregel: Wer das Problem hat, ist für das Problem zuständig. Ganz einfach, weil er es hat. Wie eine Tatsache betrachtet wird, hängt ganz alleine vom Betrachter ab.

Dazu möchte ich ein sehr heikles Beispiel nennen. Seitensprünge sind ein häufiges Thema in der Paarbe-ratung. Es gibt Menschen, für die ist der Seitensprung des Partners ein Drama, andere sehen es gelassen, wie-der andere ziehen daraus noch sexuelle Energie. Erken-nen Sie die Macht, die in Ihnen steckt! Nichts ist gut oder böse. Erst Ihre Bewertung der Tatsache gibt der Tatsache eine Bedeutung. Egal was Sie erfreut, ärgert, wütend oder traurig macht oder kränkt, egal welches Gefühl entsteht, es ist immer Ihre Betrachtungsweise.

„Wir haben da ein Problem" heißt oft: „Wir empfin-den einen Mangel".

Der meist empfundene und genannte Mangel vie-ler Beziehungen heißt wohl „Ich erlebe zu wenig Be-gehren und Leidenschaft in meiner Beziehung". Daher wird dieses Thema auch ein Schwerpunkt in diesem Buch sein.

Ich werde auf den folgenden Seiten ausführlicher dar-auf eingehen. Lesen Sie einfach weiter.

So könnte die Hitliste der genannten Mängel aussehen:
Mein Partner oder Partnerin

- ❖ redet nicht viel mit mir, die Gespräche sind so oberflächlich, es fehlt wahre Intimität.
- ❖ gibt mir nicht genug Aufmerksamkeit, Zeit oder Wertschätzung.

Stellen Sie sich dazu die folgenden Fragen:

- ❖ Geben Sie sich selbst, was Sie beim Partner vermissen?
- ❖ Geben Sie sich selbst genug Aufmerksamkeit, Zeit und Wertschätzung?

Wir kommen damit in unser kindliches Verhalten. Erst zu Beginn der Pubertät ist unser menschliches Gehirn ausgewachsen. Als Kind brauchen wir Aufmerksamkeit, Zeit und Wertschätzung von unseren Eltern. Der Mensch ist darauf ausgerichtet, dass er die Eltern und Großeltern, die Familie braucht, um Zuwendung zu bekommen. Um Geborgenheit und Sicherheit zu erfahren. Der Erwachsene nicht, er kann sich das alles selbst geben. Beachten Sie: Wenn Sie jemanden brauchen, um glücklich zu sein, dann sind Sie von dem anderen abhängig wie der Drogensüchtige von seinen Drogen.

Zuständigkeit für das Problem

Wenn in einer Beziehung und Partnerschaft gilt, dass jeder, der ein Problem hat, für das Problem zuständig ist, bedeutet dies, sich buchstäblich an die eigene Nase zu fassen, wenn Sie etwas ändern wollen. Natürlich ist es hilfreich, wenn der Partner am gleichen Strick zieht. Unabdingbar ist das aber nicht. Denn wenn einer sein Verhalten ändert, kann der andere seines nicht beibehalten, jedenfalls nicht lange. Sie haben es also selbst in der Hand.

Wie man das Verhalten des Partners verändert

Entsprechend der beschriebenen Dynamik werden Probleme aufgelöst, indem ein Partner sein Verhalten verändert. Ab diesem Moment ergeben die gewohnten Reaktionen des Gegenübers keinen Sinn mehr, er muss sich etwas anderes einfallen lassen. So werden die Karten neu gemischt. All dies läuft auf einer eher unbewussten Ebene ab. Hieraus lässt sich eine belastbare Regel für Beziehungen formulieren. Sie lautet: Das Verhalten des Partners lässt sich nur über die Veränderung des eigenen Verhaltens beeinflussen.

Umgang mit schwierigen Situationen und Phasen

Wie ich in diesem Buch beschreiben werde, hängen die Dauer und der Erfolg einer Beziehung wesentlich von der Bereitschaft der Partner ab, ihre Probleme gemeinsam zu bewältigen und davon, ob sie sich auf ihre Beziehung einstellen können oder nicht. Lassen Sie mich im Folgenden einige Hinweise hierzu geben. Einmal zur Frage, wie die jeweilige Lösung im Problem enthalten ist, und dann zum Thema „Wer ich sein will". Darüber hinaus möchte ich vorab noch einige Anmerkungen zur Paarberatung machen.

Dauerhaft lieben —
Glück, Zufall oder harte Arbeit?

Ob es Liebesfilme aus Hollywood, Gespräche mit Liebesexperten oder Diskurse mit den besten Freunden sind, meistens lautet der gemeinsame Nenner, die Annahme: In einer Partnerschaft ist dauerhaft „Alles-Mit-Einem-Für-Immer" möglich.

Aus meiner Erfahrung ist diese Haltung aber grundsätzlich falsch, denn nicht jeder kann mit seinem Partner das erleben, was der Nachbar, der Freund oder die Eltern miteinander gelebt haben. Vielmehr liegen die Grenzen in einer Partnerschaft da, wo etwas mit einem anderen Menschen nicht mehr möglich ist. Oder anders gesagt: Es kann nur das gelebt werden, was in einer Beziehung möglich ist. Die Möglichkeiten der Liebe sind in der Theorie unbegrenzt, in der Praxis aber überschaubar. Wenn zwei Menschen wunderbar im Bett miteinander harmonieren, bedeutet dies nicht automatisch, dass sie auch Freunde sein oder in einer Partnerschaft leben können. Wenn zwei Menschen eine wunderbare freundschaftliche Liebe leben, führt dies nicht zwangsweise dazu, dass sie auch leidenschaftlich miteinander sein können.

Wir kennen drei Liebesformen, die in einer Partnerschaft in unterschiedlichen Anteilen vorhanden sind: die freundschaftliche, die leidenschaftliche und die partnerschaftliche Liebe. In meinen Sitzungen erlebe ich es oft, dass die Paare alle drei Ebenen gleichermaßen in ihrer Beziehung erwarten und sie leben wollen. Dies ist in den meisten Fällen in einer Beziehung nicht möglich, denn selten sind alle drei Ebenen genau zu gleichen Teilen existent. Vielmehr überwiegt oft erheblich eine der drei Liebesformen, woraus sich für die Paare subjektiv ein Mangel auf einer oder den beiden anderen Ebenen ergibt.

In jeder Beziehung gibt es konkrete Möglichkeiten, denen Grenzen gesteckt sind. Auch wenn es in der Theorie für einen Weitspringer möglich ist, 8,95 Meter weit zu springen, kann dies nicht von jedem Menschen auf der Welt erreicht werden. Ebenso verhält es sich in einer Beziehung, in der nicht jeder Partner zu gleichen Teilen Freund, Partner und Liebhaber sein kann.

Wenn ich mit Paaren arbeite, die vor scheinbar unlösbaren Problemen stehen, stellt sich die Frage: „Was können wir tun, um unsere Beziehung zu retten?" Ein erster Schritt kann es sein, eine andere Perspektive einzunehmen und die Beziehung als etwas Drittes wahrzunehmen, das eigenständig zwischen dem einen und dem anderen in der Partnerschaft existiert. In aller Regel versuchen die Partner, den anderen und die Beziehung an ihre persönlichen, individuellen Erwartungen anzupassen. Wenn dies nicht in einem ausreichenden Maße erreicht wird, wird es mit einem Scheitern gleichgesetzt.

Das ist der Moment der Erkenntnis, dass die Beziehung etwas Eigenständiges ist, an das sich die Partner anpassen und nicht anders herum. Dieser kleine, aber entscheidende Schritt ist ein Geheimnis glücklicher und dauerhafter Beziehungen. Glückliche Paare versuchen nicht krampfhaft, die Beziehung an ihre eigenen Vorstellungen anzupassen, und haben die Grenzen ihrer Partnerschaft erkannt.

Wie dies gelingen kann, soll Gegenstand dieses Buches sein. Dazu ist es wichtig, zunächst die drei Liebesformen einer Partnerschaft zu kennen: die partnerschaftliche, die freundschaftliche und die leidenschaftliche. Dann stellen sich zwei Fragen: Welche der drei Liebesformen bildet den Schwerpunkt in der eigenen Partnerschaft? Und: Wird der reduziertere Anteil der beiden anderen Liebesformen als Mangel wahrgenommen? Eine Beziehung mit Schwerpunkt auf dem freundschaftlichen Aspekt zu leben, bedeutet nicht, auf Leidenschaft und Sexualität verzichten zu müssen. Es bedeutet vielleicht nur, dass man eben nicht jedes Mal sofort übereinander herfällt und nicht an 365 Tagen im Jahr zweimal täglich Sex hat. Dafür sind intensive Gespräche und Verlässlichkeit in dieser Beziehung dominierende Faktoren.

In einer glücklichen Partnerschaft ist die Vorstellung „Alles-Mit-Einem-Für-Immer" nicht vorhanden. In unserer heutigen Gesellschaft herrscht die Annahme, dass jeder nach den Sternen greifen kann, wenn er sich nur ausreichend streckt. Oftmals verfallen Paare daher in einen blinden Aktionismus, wenn sie merken, dass ihnen plötzlich in der Partnerschaft etwas fehlt. Stattdessen wäre es aus meiner Sicht aber der bessere Weg, dieses „Fehlen" nicht als solches wahrzunehmen, sondern zu respektieren, dass es an dieser Stelle nicht höher, weiter oder tiefer geht. Wer sich darauf konzentriert, was in einer Beziehung gut ist, was ihn glücklich macht und was zusammenpasst, der kann eine erfüllende Partnerschaft und eine dauerhafte Liebe erleben.

„Glückliche Paare tun, was ihrer Beziehung guttut. Glückliche Paare konzentrieren sich auf ihre Beziehung, sie gehen mit dem, was zusammenpasst und gehen auf die Bedingungen ein, die ihre Beziehung ihnen stellt. Es ist fast so als würde die Beziehung vorschlagen: „Tut, was mir guttut, dann bleibe ich euch erhalten", und als hätten die Partner diese Botschaft verstanden. Gleichzeitig unterlassen sie möglichst das, was ihrer Beziehung schadet. Was der Beziehung gut tut, ist nicht unbedingt identisch mit dem, was die Partner wollen. Glückliche Paare haben das erkannt."[6]

---

6 Michael Mary, Lebt die Liebe die ihr habt, S. 178

Glückliche Langzeitpaare

Das 21. Jahrhundert ist ein Zeitalter der Austauschbarkeit. Das neue Smartphone ist nur so lange interessant, bis der Hersteller den Nachfolger auf den Markt bringt. Dann wird es ersetzt oder landet bestenfalls noch als Zweithandy in der Hand- oder Aktentasche. Selbiges geschieht mit einem Partner, der nicht mehr unseren Erwartungen entspricht. Auch er kann bei Problemen heute mühelos ausgetauscht werden. Dort, wo es noch vor einem Jahrhundert kaum möglich war, sich mit Haus, Hof, Kindern und einer Rinderherde vor der Haustür einfach so zu trennen, verlangt man heute eben nur noch den Wohnungsschlüssel zurück. Doch wie gelingt es Paaren im Hier und Jetzt, eine Langzeitbeziehung zu leben und der Versuchung zu widerstehen, bei Problemen einfach auseinanderzugehen?

Nicht alle Probleme sind zum Lösen da!

Wenn zwei Menschen in eine Beziehung gehen, werden sie nach der Verliebtheitsphase erkennen, dass jeder seine Macken hat. Wenn diese Macken dann bemerkt werden, versuchen die Partner, diese Macken beim Gegenüber zu korrigieren. Ganz nach der Devise „achtzig Prozent sind ja o. k., die anderen zwanzig Prozent bekomme ich auch noch so, wie ich es gerne hätte".

Es beginnt mit liebevoller Kritik, dann wird er oder sie vehementer, und dann folgt oft die Methode „Schallplatte mit Sprung", ergänzt durch ein verbales und nonverbales Bedauern. Eines ist jedoch garantiert: Je mehr man den Partner ändern möchte, desto sicherer wird er sich nicht ändern. Das hat auch viel damit zu tun, dass es um die Autonomie des Einzelnen geht und dass sich kaum ein Mensch gerne zurechtbiegen lässt. So kann es kommen, dass eine Macke zu einem großen Problem wird. Damit ist die beabsichtigte Lösung das eigentliche Problem.

Wenn ein Mann samstags oder mittwochs seine Sportschau sehen oder vorher auf dem Smartphone in der KickerApp die Ergebnisse verfolgen möchte, sollte die Partnerin nicht versuchen, ihm dies auszutreiben, nur weil sie lieber mit ihm auf der Couch kuscheln möchte.

An Kleinigkeiten entzünden sich oftmals große Kämpfe in Partnerschaften. Man hängt sich daran auf, dass der andere nie die Badezimmertür schließt oder seinen Bademantel nach dem Duschen nicht zurück an seinen Platz hängt, dass viel zu viele Schuhe im Schrank stehen oder unter dem Toaster nicht die Krümel weggefegt werden. Wer bereits an dieser Stelle die gesamte Beziehung infrage stellt, hat kaum Chancen auf eine Langzeitpartnerschaft.

Beachten Sie: „Kinder fordern, Erwachsene verhandeln". Es ist zwecklos, vom Partner eigene Erwartungen einzufordern. Das erzeugt nur Widerstand. Gehen Sie stattdessen in die Verhandlung und fragen Sie zum Beispiel, was ihn dazu bewegen könnte, Ihnen den einen und/oder den anderen Wunsch zu erfüllen.

Das Motto jeder glücklichen Beziehung

Das Motto lautet: „Den anderen Menschen akzeptieren, wie er ist". Unterschiedlichkeiten annehmen, erkennen, dass jeder Mensch eine eigene Identität besitzt, auf die er ein Recht hat. Es gibt Paare, die in ihrem Sein vollkommen unterschiedlich sind und dies gegenseitig so gut annehmen, dass sie ein Leben lang miteinander überwiegend glücklich sind. Jeder hat immer die Wahl, wie er dem Partner gegenübertritt. Sie können sich über die Eigenheiten des anderen maßlos aufregen oder gemeinsam darüber lachen. Humor ist ein Zeichen der Milde und Liebe.

In diesem Zusammenhang noch eine Erläuterung zu dem oft genannten „dauerhaft glücklich sein". Dauerhaft glücklich heißt nicht rund um die Uhr und dies zwölf Monate im Jahr. Gehen Sie sogar davon aus, dass Glück vorbeigehen muss. Der Tod macht das Leben wertvoll, das Unglück macht das Glück wertvoll. Ein Glück ohne Unterbrechung gibt es nicht, denn Streit ist sehr wichtig in der Beziehung. Ich kann, wenn ich in den Rückspiegel meiner Paarberatungspraxis schaue, eines erkennen: Wenn Paare sich trennen, dann nicht unbedingt, weil sie heftig streiten, eher, weil sie gar nicht mehr streiten. Streit erzeugt Gemeinschaft und Gemeinschaft schafft Streit.

Wobei ein großer Unterschied zwischen konstruktivem und destruktivem Streit besteht. Genauso wenig hilfreich sind negative Unterstellungen, Eifersucht oder der Wille, unbedingt recht haben zu wollen.

Weitere Erkenntnisse aus meiner Paarberatung sind:

❖ Dauernd nett und lieb zu sein, ist ebenso ein terroristischer Angriff auf die Autonomie des Partners, wie ihn ständig verändern zu wollen.

❖ Paarkonflikte sind Voraussetzungen für individuelle und gemeinsame Entwicklung.

❖ Paarkonflikte erzeugen mehr Stabilität als andauerndes „Friede, Freude, Eierkuchen".

❖ Das Ziel sollte Harmonie heißen. Eine Ausgewogenheit von Yin (Friede) und Yang (Auseinandersetzung).

Eckart von Hirschhausen hat auf seiner Homepage eine interessante Seite[7] mit dem Titel „Sieben Dinge über das Glück, die Sie nie wissen wollten, aber eigentlich schon wissen." Die Kernaussage lautet „Glück muss vorbeigehen". Das ist keine schlechte, sondern eine gute Nachricht. Der Tod macht das Leben wertvoll, das Unglück und die Unzufriedenheit machen das Glück wertvoll.

Udo Jürgens sagte unter anderem: „Was ist Glück? Glück ist die Abwesenheit des Unglücks. Und nur derjenige, der das Unglück kennt, kann auch Glück empfinden."[8]

Glück wird von Menschen sehr unterschiedlich empfunden. Die einen sind glücklich, wenn sie eine Beziehung auf Augenhöhe mit Wertschätzung führen, andere sind glücklich, wenn sie in einer BDSM[9]-Beziehung

---

7 https://www.hirschhausen.com/ (21.12.2019)

8 https://gutezitate.com/zitat/140034

9 BDSM ist eine Abkürzung für eine sexuelle Präferenz: Bondage & Disziplin, Sadismus & Masochismus.

(sub[10] oder dom[11]) leben. Die einen sind glücklich mit einer heterosexuellen, andere mit einer gleichgeschlechtlichen Beziehung. Die einen sind glücklich, wenn sie in einer Zweier- und andere, wenn sie in einer Dreierbeziehung leben. Die einen sind glücklich, wenn sie viel Sex in der Beziehung erleben, die anderen sind froh, keinen Sex zu haben.

Kränkungen in einer Partnerschaft

Eine andere Sache sind Verletzungen und Kränkungen in einer Partnerschaft, wie beispielsweise ein Treuebruch (lesen Sie dazu auch in diesem Buch das Kapitel „Treue zu sich selbst"). Ein solches Erlebnis stellt eine Partnerschaft immer auf die Probe. Der oder die Betrogene stellt sich die Frage: Kann ich eine solche Kränkung jemals verzeihen? Sollte ich Gleiches mit Gleichem vergelten, damit ich darüber hinwegkomme?

Tatsächlich habe ich schon Paare in meiner Praxis erlebt, die aus einer Zäsur in ihrer Beziehung eine mathematische Gleichung machen. Du bist zweimal fremdgegangen – jetzt darf ich zweimal fremdgehen, damit wir quitt sind. Es handelt sich hierbei aber nicht um Gerechtigkeit, sondern um Rache. Und dies führt – man braucht bloß einen Blick in die Geschichtsbücher zu werfen – nur sehr selten zu einer glücklichen Partnerschaft.

---

10 sub = submissive, der passiv-unterwürfige Partner im BDSM.
11 dom = der dominante Partner im BDSM, auch Bull genannt.

Doch was kann der richtige Weg sein, sich Fehler und auch schwere Fehler zu verzeihen? Diesen Weg kann am Ende jedes Paar nur für sich allein finden. Oftmals kann es sehr hilfreich sein, die Fehler anzusprechen und die Gefühle auf den Tisch zu bringen. Was hat es in mir ausgelöst, zu erfahren, dass du mich betrügst? Wovor habe ich Angst? Was erwarte ich von dir? Es kann ein guter Weg sein, im Anschluss zu vergessen und dieses Erlebnis hinter sich zu lassen, ohne es beim nächsten Mal am Kaffeetisch wieder gegen den Partner einzusetzen. Konzentrieren Sie sich stattdessen auf Ihre Gemeinsamkeiten: Was hält Sie zusammen? Warum wollen Sie weiterhin zusammenleben? Am Ende geht es immer nur um die eine Frage: Kann ich den Partner – so wie er ist – annehmen, lieben und, ja, ertragen, ohne den Impuls zu spüren, ihn zu verändern? Lautet die Antwort „Ja", dann haben Sie eine echte Chance auf eine Langzeitbeziehung.

Was bedeuten Kränkungen für Paarbeziehungen?
- ❖ Kränkungen sind nur dann und dort möglich, wo und wenn man füreinander bedeutsam ist.
- ❖ Kränkungen sind in Paarbeziehungen nur möglich, wenn man sich nicht egal ist.

Beachten Sie: Sie allein bestimmen, was Sie kränkt, ärgert oder freut. Es hat allein etwas mit Ihnen zu tun, welche Gefühle in Ihnen entstehen. „An sich ist nichts gut oder böse, nur das Denken macht es erst dazu".[12]

---

12 William Shakespeare: Hamlet, Zweiter Akt, zweite Szene

Winston Churchill sagte: „Wer mich kränkt, bestimme ich."[13] Von Klaus Kinski ist der Ausspruch überliefert: „Wer mich beleidigt, entscheide ich."[14]

Kränkungen sind Informationsquellen sowohl für den Gekränkten als auch für den Kränkenden. Kränkungen verraten uns etwas darüber, wie der Gekränkte „tickt", wie er geprägt ist, wie er denkt, wie er fühlt. Insbesondere Menschen mit einer histrionischen[15] oder narzisstischen[16] Persönlichkeitsstörung sind meist sehr leicht gekränkt und reagieren dann oft sehr heftig und überzogen.

Dazu schreibt Bärbel Wardetzki:

„Werden wir gekränkt, reagieren wir meist verletzt und fühlen uns in unserem Selbstwertgefühl getroffen. Kritik, Zurückweisungen und Ablehnung erleben wir als Abwertung unserer Person, wir fühlen uns nicht respektiert, wertgeschätzt, angenommen und verstanden. Daraus resultiert eine tiefe Verunsicherung, verbunden mit Gefühlen von Ohnmacht, Wut und Selbstzweifeln. In unserer Gekränktheit wenden wir uns trotzig von unserem Gegenüber ab und sinnen häufig auf Rache und Vergeltung."[17]

---

13 www.bildungbern.ch/fileadmin/user_upload/bildungbern/public/publikationen/schulpraxis/Downloads/Winston_Churchill_Wer_mich_aergert.pdf

14 https://beruhmte-zitate.de/zitate/134704-klaus-kinski-wer-mich-beleidigt-entscheide-ich/ (21.12.2019)

15 https://de.wikipedia.org/wiki/Histrionische_Persönlichkeitsstörung

16 https://de.wikipedia.org/wiki/Narzisstische_Persönlichkeitsstörung

17 Bärbel Wardetzki: Ohrfeige für die Seele: Wie wir mit Kränkung und Zurückweisung besser umgehen können, München 2004, Umschlagrückseite

Veränderungen und Unzufriedenheit

In einem Zeitalter, in dem alles möglich ist und jeder Wunsch erfüllt werden kann, erwarten wir das auch von unserer Partnerschaft. Unser Partner soll ein Freund, ein leidenschaftlicher Liebhaber und ein zuverlässiger Partner sein – nur dann scheint die Beziehung perfekt. Am Anfang jeder Partnerschaft ist dieser Traum auch oft wahr. Wir können den anderen leidenschaftlich lieben, mit ihm Spaß haben und scheinen den perfekten Menschen gefunden zu haben. Bis dann allmählich der Alltag an die Tür klopft und uns daran erinnert, dass wir nicht plötzlich mit diesem Menschen verschmolzen sind, sondern die Beziehung aus zwei eigenständigen Menschen mit ihren jeweils individuellen Bedürfnissen besteht. An dieser Stelle öffnet sich eine Kluft, die entweder überwunden oder zum trennenden Faktor wird.

Die drei Wege in einer Beziehung

Vor dem Altar wird von einem gemeinsamen Weg gesprochen, der jetzt beschritten werden soll. Das ist in meinen Augen nur die halbe Wahrheit, denn in Wirklichkeit gibt es in jeder Partnerschaft immer drei Wege: den gemeinsamen und den, den jeder daneben noch für sich selbst geht. In der ersten Verliebtheitsphase neutralisieren sich Unterschiede wie von selbst, und es scheint tatsächlich nur noch den einen gemeinsamen Weg zu geben. Die selektive Wahrnehmung führt dazu, Schwächen und Macken des anderen einfach zu übersehen. Mit der Zeit wird man sich vertrauter, zeigt mehr von sich. Dadurch nehmen beide Partner ihre Unterschiedlichkeit intensiver wahr. Und mit dieser Diskrepanz zwischen Traum und Wirklichkeit entsteht nicht selten die erste Unzufriedenheit.

Neue Verhaltensweisen verändern die Partnerschaft

Im Zuge des intensiven Kennenlernens entdeckt man zwangsläufig Seiten am anderen, die zuvor unbekannt waren. Es stellt sich nun die Frage: Kann ich mit diesen neuen Seiten leben? Die Partnerschaft entwickelt sich nicht so weiter, wie sie angefangen hat, sondern es liegen plötzlich erste Kieselsteinchen auf dem Weg, die mit jedem Schritt immer größer zu werden scheinen.

Neue Seiten eines Partners können als positiv oder negativ empfunden werden. Wir fokussieren uns an dieser Stelle auf die Verhaltensweisen, die den anderen stören. Das kann beispielsweise ein Abwenden und Schweigen nach einer Meinungsverschiedenheit sein, eine ausgebliebene Zärtlichkeit am Morgen, weil der Partner erst wach werden muss, eine ungewohnte Geste oder eine störende Handlung beim Decken des Frühstückstisches. Jede neu entdeckte Seite am Partner führt zwangsläufig dazu, dass sich auch in der Beziehung etwas verändert.

Wenn Neues als störend empfunden wird

Am Anfang der Beziehung hat sich der Partner jeden Morgen umgedreht und seiner Freundin einen zärtlichen Kuss gegeben. Jetzt schläft er meistens länger und braucht am Morgen erst einmal Zeit für sich. Es hat sich etwas verändert, das als störend empfunden wird. Oftmals können diese Kleinigkeiten dem anderen einen ganzen Tag lang nachhängen und die Beziehung aus dem Gleichgewicht bringen.

Nicht immer sind es derartige Kleinigkeiten, die plötzlich in eine Beziehung eindringen. Manchmal entdeckt einer der Partner beispielsweise, dass der andere heimlich raucht oder gerne in die Spielhalle geht und dort sein gesamtes Erspartes verzockt. Manchmal halten Menschen in der ersten Verliebtheitsphase bewusst Trennendes zurück. Sie sehen: Oh, der andere ist strikter Nichtraucher – dann wird nur an den Tagen geraucht, an denen man sich nicht sieht.

Beziehung ist Entwicklung

Es gibt keine Garantien, es gibt keine Sicherheit, außer der, dass Sie irgendwann sterben werden. Also versuchen Sie nicht, etwas zu erreichen, was es nicht gibt. Schon die alten Römer sagten lange vor Christus „Tempora mutantur, nos et mutamur in illis", auf Deutsch: Die Zeiten ändern sich, und wir ändern uns in ihnen.

Um solchen Neuerungen in einer Beziehung zu begegnen, sollten Sie sich über eines im Klaren sein: Es gibt für nichts im Leben eine Garantie. Menschen können sich vom strikten Nichtraucher in einer stressigen Lebensphase plötzlich zum Raucher entwickeln und umgekehrt. Die Beziehung verändert sich jeden Tag ein kleines Stück, weil sich auch die Menschen verändern. Die Menschen reagieren auf Stress im Job, auf Mitmenschen, gehen neue Freundschaften ein. Davon bleibt auch die Beziehung nicht unberührt. Menschen und Bedürfnisse verändern sich. Daher riskieren die Menschen immer, dass die Entwicklung der eigenen Gefühle und Bedürfnisse an einem Punkt nicht mehr mit denen des Partners vereinbar ist.

Ein Beispiel

Ein Paar lernt sich kennen und lieben. Schon während des ersten Treffens lässt die Frau verlauten, dass es ihr großer Traum sei, irgendwann einmal nach Schweden auszuwandern und sich dort eine neue Existenz aufzubauen. Der Mann findet diese Abenteuerlust toll, obwohl er sie selbst nicht teilen kann. Sie leben glücklich und zufrieden, doch dann werden die Auswanderungspläne der Frau, die bis dato keine Rolle in der Beziehung gespielt haben, plötzlich konkret. Nun steht der Mann vor der großen Frage: Kann ich sie in ihrem Vorhaben unterstützen und Freunde und Familie zurücklassen oder wird dies jetzt zum trennenden Faktor in unserer Partnerschaft?

Auch das Thema Sexualität lässt häufig nach einiger Zeit unterschiedliche Bedürfnisse zutage treten. Während in der ersten Zeit der Partnerschaft einheitlich das Bedürfnis nach häufiger Liebe und viel Intimität besteht, kann dies bei der Frau oder beim Mann mit der Zeit abklingen, während der andere sich weiterhin täglich Sex wünscht. Das, worin sich beide anfangs einig waren, stellt die Beziehung durch sich verändernde Bedürfnisse plötzlich auf die Probe.

Oftmals bringt die Zeit Dinge hervor, die im Verborgenen lagen und lange keine Relevanz hatten für die Partnerschaft. Niemand kann zu Beginn einer Partnerschaft wissen, welche Veränderungen er im Laufe der Zeit durchmachen wird. Eine Beziehung kann daher zu jeder Zeit ins Wanken geraten, denn Veränderungen und Neues kommen oftmals unvorhergesehen. Wir können durch Ereignisse im Leben plötzlich einen Glauben finden, während der Partner weiterhin streng atheistisch lebt. Wir können spontan einen Kinderwunsch entwickeln, obwohl dies bislang in der Partnerschaft gar nicht zur Debatte stand. Oder wir entwickeln erotische Wünsche und Neigungen, mit denen der Partner gar nichts anzufangen weiß.

Veränderungen als Chance für die Beziehung

Neues Verhalten kann in einer Partnerschaft nicht nur eine existenzielle Herausforderung, sondern auch eine Chance sein. Wichtig ist, dass die Partner dem nicht mit Skepsis, Ablehnung und Forderungen, sondern mit

Neugierde begegnen. Jede neue Verhaltensweise und Reaktion des anderen öffnet einen tieferen Blick in seine Persönlichkeit. Die Beziehung hat sich einen Schritt weiterentwickelt.

Niemand kann am ersten Tag einer beginnenden Partnerschaft garantieren, dass er sich für immer so oder so verhalten wird. Wir wissen nicht, welche Wünsche wir entwickeln werden und durch welche Ereignisse im Leben wir in die eine oder andere Richtung geschubst werden. Was lange funktioniert hat, muss nicht zwangsläufig auf Dauer angelegt sein. Es ist wichtig, diesen Veränderungen offen gegenüberzutreten, sich auf sie einzulassen und loszulassen, wenn der Windstoß kommt. Nur dann können wir die nötige Offenheit dafür entwickeln, sich auch auf Änderungen in einer Beziehung einzulassen, ohne daran zu scheitern.

Wertschätzung, Respekt und Achtsamkeit

Im Moment gilt ein Paar als glückliches Langzeitpaar, wenn es 7 Jahre und länger zusammenlebt und sich immer noch achtet und gegenseitig mit liebevoller Wertschätzung, Aufmerksamkeit, Respekt und Achtsamkeit begegnet und generell einen liebevollen Umgang miteinander pflegt. Leidenschaft in der Statistik der Langzeitbeziehung wird nicht erwähnt. Oftmals haben wir von diesen Paaren das Bild, sie seien einfach füreinander bestimmt. Sie sind sich irgendwann im Leben begegnet, es war Liebe auf den ersten Blick, und seitdem schweben sie auf einer rosaroten Wolke. Mit der Realität hat diese Vorstellung allerdings in den meisten Fällen nichts zu tun. Vielmehr beherrschen glückliche Langzeitpaare besondere Fähigkeiten: Sie können gut miteinander reden, bleiben permanent im Kontakt miteinander, akzeptieren Zeiten der Distanz und haben eine resignative Reife gewonnen. Doch was ist Glück in einer Partnerschaft überhaupt?

Glück in einer Partnerschaft ist keine feste Größe

Glück ist etwas ganz Individuelles, für das es keine Definition gibt. Jeder ist auf seine eigene Weise glücklich, und genau aus diesem Grund lassen sich Partnerschaften auch nicht miteinander vergleichen. Wir neigen dazu, Partnerschaften von anderen zu bewerten. Wir sehen beispielsweise, ein Paar küsst sich nicht mehr und schläft in getrennten Betten. Automatisch fällen wir das Urteil: Das Paar ist nicht mehr glücklich. Dabei kann das Gegenteil genauso gut der Fall sein. Es gibt keine festen Spielregeln dafür, wann sich ein Paar wie zu verhalten hat, damit es eine glückliche Beziehung führen kann. Der eine ist glücklich, weil er jeden Tag Sex hat, der andere lebt glücklich in einer ganz und gar sexlosen Beziehung. Glückliche Paare tun einfach das, was der Beziehung guttut. Glück ist für jeden etwas anderes.

Auch der Weg in eine solche glückliche Partnerschaft kann sehr unterschiedlich sein. Einige Paare brauchen viel Abstand voneinander, um in Zeiten der Nähe glücklich sein zu können. Andere gehen viel auf Reisen, um sich in dieser Zeit wieder näher zu kommen, oder streiten täglich, damit sie sich danach wieder versöhnen können. Wieder andere Paare leben sogar in getrennten Wohnungen und entgehen somit den Herausforderungen einer gemeinsamen Haushaltsführung.

Das anerkennen, was miteinander möglich ist

Eine Beziehung zu führen, bedeutet auch Verzicht. Denn nicht alles, was man sich wünscht, ist mit dem einen Partner möglich. Vielleicht möchte der eine unbedingt einmal eine Kreuzfahrt unternehmen, der andere aber wird sehr schnell seekrank und setzt keinen Fuß auf ein Schiff. In diesem Fall ist eine gemeinsame Schiffsreise eben unmöglich.

Was tun, wenn etwas Existenzielles nicht miteinander möglich ist?

Während es für Kleinigkeiten in einer Beziehung wie die gemeinsame Kreuzfahrt immer eine Lösung gibt, steht die Partnerschaft vor großen Herausforderungen, wenn existenzielle Fragen aufkommen.

Ein Beispiel

Nach dreißig Jahren Partnerschaft hat das Thema Sexualität für den Mann keine Bedeutung mehr. Er hat schlicht das Interesse daran verloren, möchte die Partnerschaft aber trotzdem gerne auf emotionaler, partnerschaftlicher und geistiger Ebene weiterführen. Für die Frau hat die Sexualität derweil mit zunehmender Reife wieder an Bedeutung gewonnen. Sie möchte auf Sex nicht verzichten, will aber ebenfalls weiterhin an der Seite ihres Partners bleiben, weil es so viele andere Dinge gibt, die sie mit ihm verbinden.

Eine Lösung für diesen individuellen Fall kann immer unterschiedlich ausfallen. Wenn eine Partnerschaft eine so vertraute und solide Basis hat, wäre es denkbar, dass die Frau mit der Zustimmung ihres Mannes hin und wieder sexuelle Liebschaften pflegt. Ob beide mit diesem Arrangement zurechtkommen, muss im Einzelfall betrachtet werden.

Tatsache ist aber, dass es an dieser Stelle nicht funktionieren wird, wenn einer den anderen verändern möchte. Die Frau kann ihren Mann nicht dazu zwingen, wieder leidenschaftliche Gefühle zu entwickeln. Ebenso wenig kann der Mann seine Frau dazu anhalten, lebenslang auf Sex zu verzichten. Wenn beide diesen Umstand anerkennen, dann ist der Weg bereitet, eine Lösung für eine weiterhin überwiegend glückliche Partnerschaft zu finden.

Resignative Reife,
das Zauberwort

In dem Begriff der „resignativen Reife" ist das Wort „Resignation" enthalten. Resignation hat eine negative Konnotation und ist eng mit den Begriffen „aufgeben", „ertragen" oder „hinnehmen" verbunden. Doch hier in diesem Begriff ist „Reife" das Hauptwort. In einer Beziehung gehört die resignative Reife zu den wichtigsten Voraussetzungen, als Paar dauerhaft glücklich zusammenzuleben. Ein Synonym für resignative Reife ist auch einfach nur Realismus. Es heißt, etwas zu akzeptieren, was nicht zu ändern ist. Doch das, was Sie akzeptieren, müssen Sie nicht lieben und es muss Sie auch nicht erfreuen, es heißt nur, dass Sie aufhören, etwas ändern zu wollen, was nicht zu ändern ist.

Ein Beispiel

Eine Frau lebt schon seit zwanzig Jahren mit ihrem Partner zusammen. Der Mann hat eine besondere Macke: Er kann nie lange am Esstisch sitzen bleiben, obwohl sie sich gerade an Sonntagen wünschen würde, gemütlich eine Stunde Kaffee zu trinken und über den Tag zu sprechen. Stattdessen steht er sofort auf, nachdem der letzte Schluck getrunken ist. Während sich die Frau in den ersten Jahren der Beziehung sehr über dieses Verhalten geärgert hatte und es darüber sogar häufig zum Streit kam, hat sie im Verlauf der Jahre gelernt, seine Unruhe am Tisch zu akzeptieren. Sie legt sich jetzt immer ein Buch neben die Kaffeetasse und liest noch gemütlich ein paar Seiten, während der Mann im Garten die Bäume versetzt.

Resignative Reife bedeutet, einen Menschen so anzunehmen, wie er ist – mit all seinen Besonderheiten. Dies gelingt aber nur dann, wenn die grundsätzlichen Werte und Ziele im Leben übereinstimmen.

Wie kann man resignative Reife erlangen?

Um zu einer resignativen Reife in seiner Beziehung zu gelangen, ist es wichtig zu akzeptieren, dass es unveränderliche Dinge im Leben gibt. Statt den Partner zu zwingen, am Tisch sitzen zu bleiben, kann und sollte an der eigenen Akzeptanz gearbeitet werden. Der Weg dorthin führt darüber, sich nicht auf die negativen und störenden Eigenschaften des Partners zu fokussieren. Es gibt doch auch liebenswerte Eigenschaften am anderen, die ebenso Beachtung verdienen.

Kritik in der Partnerschaft
führt zu destruktiven Verhaltensmustern

Um zu einer resignativen Reife zu gelangen, ist es erforderlich, dass wir uns von Illusionen lösen. Viele Menschen haben das Bild einer perfekten Partnerschaft im Kopf und den großen Wunsch, sich diesem Bild im realen Leben maximal anzunähern. Sicher werden die meisten Menschen schon Erfahrungen mit den Versuchen gemacht haben, einem Partner eine Eigenschaft abzugewöhnen. Das Ergebnis dürfte immer dasselbe gewesen sein: Es ist nicht gelungen, und oftmals hat sich diese Eigenschaft im Laufe der Beziehung sogar noch verstärkt. Denn ständige Kritik am Partner führt dazu, dass sich der andere nicht wertgeschätzt fühlt. Es entsteht daraus nicht selten ein destruktives Verhältnis zwischen permanentem Angriff und ständiger Verteidigung. Überspitzt kann man formulieren, dass es in einer guten Partnerschaft darum geht, sich gegenseitig zu ertragen.

Bestes Beispiel für resignative Reife

Vielleicht haben Sie die Gelegenheit, ein glückliches Paar zu befragen, was das Geheimnis seiner langen Beziehung ist. So unterschiedlich die Antworten auch ausfallen können, wird es immer einen gemeinsamen Nenner geben: Der eine hat die Macken des anderen akzeptiert. Die meisten Langzeitpaare werden Ihnen von anfänglichen Kämpfen um dieses oder jenes Thema berichten und davon, wie sie dann doch zu der Einsicht gekommen seien, dass es unveränderliche Eigenschaften an einem Menschen gibt. Im Nachgang können viele Langzeitpaare über ihre anfänglichen Kämpfe herzlich lachen. Und auch das ist ein wichtiger Schritt, zur resignativen Reife zu gelangen: miteinander über die Besonderheiten des anderen zu lachen.

Sich selbst treu bleiben

Wie gelingt dies in einer Partnerschaft?

In der ersten Verliebtheitsphase ist jeder Mensch kompromissbereit. Obwohl man eigentlich einen Raucher an seiner Seite kategorisch ausgeschlossen hatte, empfindet man es nun doch eigentlich als gar nicht so schlimm. Ist dies schon ein Treuebruch gegenüber sich selbst? Und wenn ja, wie lange kann das Abrücken von eigenen Normen und Werten gut gehen?

Treue zu sich selbst:
Was heißt das eigentlich?

In einer Laudatio hört man oft den lobenden Satz: „Dieser Mensch ist sich stets selbst treu geblieben". Aber was steckt eigentlich hinter dieser Floskel?

Wer sich selbst einmal einen Tag lang beobachtet, wird feststellen, dass er sich in vielen Bereichen des Lebens auch außerhalb der Beziehung nicht selbst treu bleiben kann. Das beginnt schon damit, dass der Chef vielleicht dazu auffordert, einen Dienstleister im Preis zu drücken, obwohl man dies mit dem eigenen Gewissen nicht vereinbaren kann. Trotzdem tun wir es, weil wir andernfalls die Konsequenzen fürchten.

Nur wenigen Menschen gelingt es, mit einer solchen Geradlinigkeit durchs Leben zu gehen, nur das zu tun, was dem eigenen Selbst entspricht. Wir stimmen Freunden zu, obwohl wir eigentlich eine andere Meinung haben, aber den schönen Abend nicht verderben wollen. Wir führen die Anweisungen des Chefs aus, weil wir den Job nicht verlieren wollen. Treue hat nicht unbedingt etwas mit Sex zu tun. Treue kommt von zu sich stehen.

Wir folgen einem Partner in eine andere Richtung als der, die wir einschlagen würden, weil wir uns eine Zukunft mit ihm wünschen.

Wie kann es im Alltag gelingen, sich selbst treu zu bleiben?

Es gibt keinen standardisierten Leitfaden für die Treue zu sich selbst. Eine wichtige Basis dafür ist, die eigenen Werte und Grenzen zu kennen. Selbsttreue kann man üben. Machen Sie sich bewusst, in welchen Situationen Sie von sich abrücken und überlegen Sie, wie Sie es beim nächsten Mal besser machen können. Vielleicht passt das Unternehmen nicht zu Ihnen, wenn es Dinge von Ihnen verlangt, die Ihren Prinzipien zuwiderlaufen? Hier wäre die Konsequenz, nach einem Job in einer Firma Ausschau zu halten, deren Leitlinien und Philosophie Ihrem Wesen mehr entsprechen.

Nice Guy und good Girl

Es gibt diese Menschen, die immer lächeln, immer das Richtige sagen und die scheinbar jeder gernhat. Das mag von außen so erscheinen, aber niemand kann immer jedem gerecht werden. Das ist nicht authentisch. Vielleicht gefällt derjenige allen anderen, dann aber bestimmt nicht mehr sich selbst. Sich so zu präsentieren, wie man ist und zu den eigenen Überzeugungen zu stehen, ist am Ende viel authentischer. Und es ist die solideste Basis dafür, Beziehungen zu Menschen aufzubauen, die zur eigenen Persönlichkeit passen.

Beziehungen sind immer eine große Probe für die Treue zu sich selbst

Kaum etwas stellt uns in Bezug auf die Treue zu uns selbst mehr auf die Probe als Beziehungen. Denn hier widersprechen sich eigene Wünsche und Interessen. Auf der einen Seite haben wir Gefühle für einen Menschen entwickelt und wollen mit ihm das Leben teilen – auf der anderen Seite können wir aber keine Zigarettenkippen und volle Aschenbecher in der Küche akzeptieren.

Konflikte mit dem Erlernten

In der Kindheit und Jugend erfahren wir häufig nicht zuletzt durch Rollenbilder der Eltern, dass man das tun sollte, was andere glücklich macht. Dieses Verhalten ahmen wir intuitiv nach. Genau das ist der sicherste Weg, um möglichst weit von sich selbst abzurücken. Wenn ich blind das tue, was andere erwarten, verliere ich mich, meine eigene Persönlichkeit, irgendwann vollständig aus den Augen. Ich habe in diesem Verhaltensmuster keine Bedeutung mehr.

Wie können Beziehungen und Selbsttreue nebeneinander existieren?

Denkt man diese Frage konsequent zu Ende, dann ergibt sich eine vergleichsweise einfache Lösung: Finden Sie eine Antwort auf die Frage, was Sie selbst wollen, und schauen Sie im Anschluss darauf, wer das Gleiche möchte. Wird diese Reihenfolge eingehalten, können Sie sich auch in der Beziehung selbst treu bleiben. Allerdings bedeutet dies auch in letzter Konsequenz, dass Sie als konsequenter Nichtraucher nicht Ihr Leben mit jemandem teilen können, der immer nach Rauch riecht. Für die Partnersuche heißt das: Sie gehen strikt Ihren Weg und sehen sich auf dieser Strecke um, wer noch in dieselbe Richtung läuft.

Heißt Treue zu sich selbst, keine Kompromisse einzugehen?

Ganz und gar nicht. Selbsttreue und Kompromissbereitschaft schließen sich nicht gegenseitig aus, sondern sind eine wunderbare Ergänzung. Bei der Partnersuche geht es darum, jemanden zu finden, der generell die gleichen Werte hat und das gleiche Ziel im Leben. Wünscht sich ein Partner Kinder, der andere aber nicht, dann kann dazwischen kein Kompromiss gefunden werden. Es müssen sich zwei Partner finden, die sich beide Kinder wünschen oder eben nicht. Ist das gelungen, dann kann man die Socken, die überall im Wohnzimmer herumliegen, akzeptieren.

Ehrlich zu sich selbst sein

Ehrlichkeit zu sich selbst ist die wichtigste Voraussetzung dafür, ehrliche Beziehungen zu pflegen. Nur wer das tut, was ihn selbst glücklich macht, kann auch andere Menschen glücklich machen. Und damit ist die Treue zu sich selbst auch eine der wichtigsten Voraussetzungen in glücklichen Partnerschaften. Eine Vorspiegelung falscher Tatsachen führt in eine Sackgasse, an deren Ende immer zwei unglückliche Menschen stehen.

Gefühle in der Partnerschaft

Positive Gefühle sind die Basis jeder gelungenen Partnerschaft. Wenn wir über Gefühle sprechen, dann sprechen wir aber nicht über eine Feder im Wind, die wir beliebig in die eine oder andere Richtung pusten können. Nüchtern betrachtet sind Gefühle aus neurowissenschaftlicher Sicht chemische Vorgänge im limbischen System unseres Gehirns. Alles was wir sind, was wir wollen und gut oder schlecht finden, ist spätestens seit der Pubertät fest in uns eingebrannt. Allerdings wirken neue Erfahrungen darauf ein und können alte Erfahrungen überschreiben. Wer in seiner Kindheit die Erfahrung gemacht hat, dass man keinem Menschen trauen kann, kann dieses Vertrauen gewinnen, wenn er im Verlauf seines Lebens vielen vertrauenswürdigen Menschen begegnet.

Gefühle können wir im Leben durchaus steuern. Wir müssen ihnen mit Achtung, mit Respekt und Offenheit begegnen und sie vor allem in ihrer Natur wahrnehmen. Es sind die berühmten Ich-Botschaften, die jeder Therapeut in der Auseinandersetzung mit einem Partner empfiehlt. Statt zu sagen: „Du machst mich gerade wütend" sollten Sie lieber formulieren: „Ich fühle mich gerade von dir missachtet." Wer Gefühle steuern möchte, der sollte sie zunächst einmal wahrnehmen. Dafür braucht es Zeit, die Sie vielleicht gewinnen, wenn Sie bei der nächsten Zugfahrt einmal das Handy beiseitelegen und die vorbeiziehende Landschaft genießen.

Können wir positive Gefühle lernen?

Bestimmte Schaltungen im Gehirn, die in jungen Jahren entstanden sind, bleiben unveränderlich bestehen. Aber wir können dafür sorgen, dass neue Erfahrungen entstehen und Gedanken und Erlebnisse überschrieben werden. Sie können nichts in Ihrem Gehirn löschen, aber Sie können alte (ungünstige) Erfahrungen durch neue erfreuliche Erfahrungen überschreiben. Es ist notwendig, alte Glaubenssätze, die Sie am Glück hindern, loszulassen und sich dafür neue Glaubenssätze zu suggerieren.

Dabei sei zu erwähnen, alte Glaubenssätze, die Sie im Leben behindern, müssen Sie nicht unbedingt erforschen. Es kann mühselig und vergebens sein. Beginnen Sie mit Autosuggestion, mit neuen positiven Glaubenssätzen bewusst eine positive Gehirnwäsche. Lassen Sie von alten Gewohnheiten und alten Gedanken los.

Ein Beispiel	Stellen Sie sich vor, Sie stehen vor einer Höhle und sollen durch ein enges, handbreites Loch einen Diamanten herausholen. Allerdings passt die geschlossene Hand nicht wieder durch das Loch. Sie haben jetzt also zwei Möglichkeiten: Loszulassen und nach einem neuen Diamanten zu suchen oder dort festzuhängen und zur Beute wilder Löwen zu werden.

Sie haben an dieser Stelle vielleicht die Erfahrung gemacht, dass es bitter sein kann, etwas loszulassen. Aber

Sie geben sich die Chance, dadurch auch etwas Neues zu erleben, und vielleicht ist der nächste Diamant, den Sie finden, ja doppelt so groß.

Gerade negative Erfahrungen beschäftigen uns oft über viele Jahre oder sogar ein Leben lang. Immer wieder erleben wir die Situation neu, spielen sie in Gedanken durch und entwickeln beständig negative Gefühle wie Angst, Wut oder Verzweiflung.

Eine mögliche und sehr hilfreiche Alternative ist positive Autosuggestion.

Definition	Autosuggestion (griech.-lat.: Selbstbeeinflussung) ist der Prozess, durch den eine Person ihr Unterbewusstsein trainiert, an etwas zu glauben. Dies wird erreicht durch Selbsthypnose oder wiederholte Selbst-Affirmationen und kann als selbstinduzierte Beeinflussung der Psyche angesehen werden. Die Wirksamkeit der autosuggestiven Gedanken kann durch mentale Visualisierungen (Imagination) des angestrebten Ziels erhöht werden. Der Erfolg der Autosuggestion wird umso wahrscheinlicher, je konsistenter und länger (bzw. öfter) sie angewendet wird.[18]

18 https://de.wikipedia.org/wiki/Autosuggestion

Das Problem der
Nachlässigkeit in Beziehungen

In der Anfangsphase einer Beziehung herrscht große Verliebtheit zwischen den Partnern. Man macht sich schick für den anderen, hört ihm zu, zeigt Interesse. All das flaut in den meisten Partnerschaften nach einiger Zeit ab. Sie schalten lieber den Fernseher lauter, um ja nichts von den Nachrichten zu verpassen, statt dem anderen zuzuhören. Das Bedürfnis nach Innigkeit und Aufmerksamkeit ist auf beiden Seiten unverändert da – es wird nur nicht mehr erfüllt. Daraus entstehen Frust und Streitigkeiten, was irgendwann in eine Krise führt.

Oftmals resultiert daraus ein Machtgefälle; man sitzt die Probleme aus und hofft, als „Sieger" hervorzugehen und seine eigenen Wünsche und Interessen durchzusetzen. Das Ergebnis: Die Partnerschaft wird zum Minenfeld, und niemand traut sich mehr, einen Schritt auf den anderen zuzugehen, sich dem Konflikt zu stellen und eine Lösung auszuloten.

Kontakt ist der Schlüssel
zu einer glücklichen Partnerschaft

Wenn Menschen zur Paarberatung kommen, nehmen sie oftmals zum ersten Mal seit Langem wieder Kontakt zueinander auf. Zuvor haben sie nebeneinanderher gelebt, haben sich mit kleinen oder größeren Sticheleien den Alltag schwer gemacht und haben im

Freundes- und Bekanntenkreis über den anderen hergezogen. Was in der Paarberatung dann geschieht, ist spannend. Die Paare begegnen sich wieder, nehmen eine Verbindung zum anderen auf, sind bereit, einander zuzuhören.

Es ist in diesem Zuge auch wichtig, über die eigenen Bedürfnisse zu sprechen. Darüber müssen sich viele Menschen überhaupt erst einmal klar werden:

❖ Was wünsche ich mir eigentlich von meinem Partner?
❖ Soll er mich öfter in den Arm nehmen?
❖ Wünsche ich mir mehr oder weniger Sexualität?
❖ Möchte ich Komplimente hören?

Alles darf erkannt und ausgesprochen werden. Dabei ist es wichtig, dass Wünsche nicht als Forderungen ausgesprochen oder als Forderungen gesehen werden, die unbedingt erfüllt werden müssen. Dadurch entsteht Druck. Sehen Sie es vielleicht so: Es gibt Radiosender, die ein Wunschkonzert im Programm haben. Keiner ist dem Sender „böse", keiner ist nachtragend. Wird der Wunsch erfüllt, ist freut man sich.

Ich warne davor, Wünsche als Mängelliste zu äußern. Dies kann der Partner, je nach Prägung der Vergangenheit, schnell negativ auffassen. Negativ in dem Sinn: Ich mache so vieles falsch, ist bin kein guter Partner, ich schaffe es nicht, meinen Partner glücklich zu machen. Äußern Sie Wünsche liebevoll, ohne Vorwurf. Als Alternative wäre es auch sinnvoll, von seinen Bedürfnissen zu reden. Ich denke, dass hinter jedem Wunsch, hinter jedem Vorwurf, ein unerfülltes Bedürfnis steckt.

Die Erkenntnis

In allen Langzeitbeziehungen haben die Paare eine gewisse resignative Reife erlangt. Sie haben verstanden, dass die Persönlichkeit des anderen unveränderlich ist und nicht alles mit dem Partner möglich ist, was man sich vielleicht wünschen würde. Um eine glückliche Beziehung führen zu können, sollte die Akzeptanz erlangt werden, dass auch durch das größte Bemühen nicht jeder Wunsch in einer Partnerschaft erfüllt werden kann.

Die Rolle der Sexualität in Paarbeziehungen

Sexualität ist selbst innerhalb der Partnerschaft noch immer ein Tabuthema. Sie verändert sich im Laufe einer Beziehung nach einem Muster, das in vielen Partnerschaften ähnlich ist. Zuerst gibt es keine Umarmungen und Zärtlichkeiten mehr, dann keine Küsse, und Sexualität wird, wenn überhaupt, nur noch pro forma ausgeführt, bis auch sie aus der Beziehung verschwunden ist. Sex ist kein Zwang in einer Liebesbeziehung. Wenn beide ihn nicht mehr wollen, können sexlose Beziehungen genauso funktionieren wie Beziehungen, in denen es täglich zur Sache geht. Kein Problem besteht, wenn beide Partner das Gleiche wollen. Probleme entstehen dann, wenn einer die Sexualität vermisst und der andere in dieser Richtung keine oder weniger Bedürfnisse hat. Hier gibt es dennoch viele Lösungsmöglichkeiten. Die nachfolgenden Aspekte haben nicht den Anspruch auf Vollständigkeit.

A) Unter dem Aspekt der monogamen Liebesbeziehung:
  a. Sie stellen für sich den Wert Ihrer Beziehung fest und trennen sich von der Vorstellung, Begehren und Leidenschaft in der Beziehung haben zu müssen. Dies wäre eine sogenannte kleine Trennung. Trennung von Vorstellungen. Sie verzichten auf etwas, weil Ihnen die Beziehung wichtig ist. Sie versuchen, Zeiten des zärtlichen Hautkontaktes in die Beziehung einzubauen. Dabei sollten Sie Folgendes beachten: Kuschelsex ist eine sichere Verhinderung von Leidenschaft und Begehren. Das hat etwas mit unserem Hormonhaushalt zu tun. Wenn Sie also hoffen, über den Umweg der Zärtlichkeit zu Begehren und Leidenschaft zu kommen, irren Sie gewaltig. Hier kommt der Appetit eben nicht beim Essen.
  b. Sie stellen die Bedingungen für Leidenschaft und Begehren her: Unerwartetes sollte geschehen, Unterschiede und Gefahren (der Reiz der Abwechslung und ungewöhnlicher Situationen und Orte) müssen her. Vermeiden Sie Routinen, Gebote oder gar Verbote. Freiheit sollte hergestellt werden. Durch das Wohnen in zwei getrennten Wohnungen und indem Sie sich nur selten sehen, könnte dies ganz konkret geschehen.
  c. Sie tätigen die große Trennung, gehen auseinander, da Sie weder auf Begehren und Leidenschaft noch auf eine monogame Beziehung verzichten wollen.

Ich persönlich halte es nicht für einen guten Weg, etwas erzwingen zu wollen – nach dem Motto, man muss es nur fest genug wollen und alles richtig machen, und es wird schon werden. Mein Vorschlag dagegen: weg vom Machbarkeitswahn, hin zur freien Entwicklung ohne Erwartung und ohne Druck.

B) Unter dem Aspekt, dass Sie als Paar an der Monogamie nicht mehr festhalten wollen:
    a. Sie gönnen sich einen gemeinsamen Besuch im Swinger Club und klären im Vorfeld die Rahmenbedingungen ab.
    b. Sie gönnen dem Partner einen Seitensprung oder eine Affäre und gönnen dem Partner, der Sex vermisst, die Gelegenheit, sich Sex im Außen zu holen.

Sex und Körpergeruch

Oftmals ist Sexlosigkeit ein Indikator dafür, dass andere Ebenen der Partnerschaft nicht mehr funktionieren. Das kann viele Gründe haben.

Manchmal
- ❖ ist einfach die „Chemie" für Sexualität nicht (mehr) vorhanden,
- ❖ sind die Bedingungen zum Begehren und zur Leidenschaft nicht da.

Dann hat die Beziehung einen anderen, aber auch wichtigen und bedeutenden Wert. Sie sollten auch hier die Natur und die Evolutionsgesetze beachten. In einer Alltagsbeziehung, insbesondere wenn Kinder geboren werden oder wenn die Partner im vorgeschrittenen Alter sind, ist die Natur nicht mehr auf Fortpflanzung eingestellt. Dann geben andere Werte der Beziehung einen besonderen Wert.

Und betrachten Sie auch folgende tatsächlich recht häufige Lebenssituation: Angenommen, Sie haben in Ihrer Beziehung viele Jahre, ein oder zwei Jahrzehnte keinen Sex – wofür ist oder war dies eine Lösung?

Bei der sogenannten Chemie zwischen zwei Menschen geht es um den Geruch. Hier ist nicht expliziet der bewusst wahrgenommene Körpergeruch gemeint, sondern dass das „Unbewusste" wahrnimmt.

Körperliches Begehren

„Inzwischen gibt es eine Reihe von wissenschaftlichen Untersuchungen, die herausgefunden haben, dass Männer und Frauen jeweils unterschiedliche Reize bei der Partnersuche ansprechen. Dass hierbei auch die Pheromone, die individuell zusammengemischten Sexuallockstoffe, die der menschliche Organismus produziert, eine Rolle spielen, ist inzwischen wissenschaftlich belegt. Neben diesen „unbewusst" wahrgenommenen Faktoren, wollen wir Ihnen nun an konkreten optischen Merkmalen aufzeigen, woran die sexuelle Anziehung je nach Geschlecht abzulesen ist. Dabei spielen vor allem die Reize eine Rolle, die Deutungen auf einen erhöhten Testosteron- bzw. Östrogenspiegel veranlassen."[19]

In einen interessanten Artikel auf „Welt.de" heißt es hierzu:

Riech mich nimm mich

> 350 Riechrezeptoren hat der Mensch. Es sind Duft-Detektoren, mit denen wir rund 10.000 Gerüche wahrnehmen, aber nur einige Dutzend unterscheiden können. Das Sehen dagegen kommt mit ganzen drei Rezeptoren aus. Drei Prozent unseres gesamten Erbguts sind dem orientierenden Riechen, Schnüffeln und Wahrnehmen von Gerüchen verpflichtet. Kein anderes Sinnesorgan erhielt im Gen-Raster so viel Platz, man nennt es auch den sechsten Sinn. Das vomeronasale Organ verhilft im Liebesleben zum letzten Schritt, der sexuellen Vereinigung. Womöglich ist mancher Mann auch ohne das Organ zu Sex zu verlocken, eine Frau nie. Sie muss den Mann riechen können, mit dem sie ins Bett geht; bei Homosexuellen ist es bei der Partnerverbindung genauso.
> Das vomeronasale Organ sitzt im Gehirn, nicht in der Nase, Gerüche sickern direkt in den Kern der Gefühlszentrale. Beim Anschauen bleibt der andere äußerlich,

19 https://www.parship.de/ratgeber/suchen/sexuelle-anziehung/ (16.02.2020)

durchs Riechen wird er einverleibt. Wen wir riechen können, den nehmen wir atmend, fühlend in uns auf. Der Duft dringt ins limbische System, den stammesgeschichtlich ältesten Teil des Gehirns, wo die Triebe lauern. Sie werden in dem Moment losgelassen wie eine Herde befreiter Pferde, die mit mächtigem Hufschlag aus dem geöffneten Gatter prescht. Die Sinneswahrnehmung steigt ins fast Unerträgliche, Emotionen prasseln durch den Körper, peitschen ihn. Patrick Süskind hat in seinem Weltbestseller „Das Parfum" beschrieben, mit welcher Urgewalt das geschieht. „Und mitten in sie hinein ging der Duft, direkt ans Herz, und unterschied dort kategorisch über Zuneigung und Verachtung, Ekel und Lust, Liebe und Hass."[20]

20 https://www.welt.de/lifestyle/article13439098/Die-richtige-Koerperchemie-Riech-mich-nimm-mich.html (18.01.2020)

Weitere Gründe für Zeiten ohne Sex

Mit der Geburt von Kindern beginnt häufig eine Zeit ohne Sex. Ist erst einmal der Nachwuchs da, muss die Beziehung neu austariert werden: „Kinder", sagt der Arzt und Psychologe Arnold Retzer – selbst mehrfacher Vater – „sind ein terroristischer Angriff auf die Liebesbeziehung"[21]. Wenn Kinder da sind, geht es zunächst meist nur noch um das Überleben der Beziehung. Alles ändert sich. Wenn Sie vor der Geburt der Kinder Sex in Ihrer Beziehung hatten, muss dies nach der Geburt, auch mit zeitlichem Abstand, nicht wieder so sein.

Auch wenn im Alter Krankheiten kommen und gehen, wird alles anders. Dann zählen plötzlich andere Werte in der Liebesbeziehung wie zum Beispiel Verlässlichkeit und Sicherheit viel stärker.

Vieles spricht für die These, dass sich Langzeitbeziehungen vor viel Begehren und Leidenschaft schützen. Leidenschaft ist unbestimmt und kurzlebig. Würden Langzeitbeziehungen auf ihr beruhen, wären sie gleichermaßen unbestimmt und kurzlebig und dies wäre eine schlechte Voraussetzung für Verlässlichkeit und Sicherheit.

Oftmals steckt hinter dem Wunsch nach Sexualität nicht der Wunsch nach Sex, Begehren und Leidenschaft, sondern das Bedürfnis, begehrt und angenommen zu werden. Mann oder Frau will eigentlich keinen Sex, sondern möchte begehrt werden, um sich wertvoll

---

21 https://www.focus.de/gesundheit/gesundleben/partnerschaft/
beziehung/tid-8960/phasen-der-partnerschaft_aid_261865.
html (19.01.2020)

zu fühlen und damit auch die vermeintliche Sicherheit zu haben, dass der Partner seinerseits sich seine Wünsche und Bedürfnisse nicht außerhalb der Beziehung erfüllt.

Distanz schafft Nähe — Nähe schafft Distanz

Ich empfinde es als das höchste Gut in einer Partnerschaft, wenn man auch miteinander schweigen kann. Denn dies bedeutet, dass man sich miteinander wohlfühlt. Jeder Mensch hat außerdem das Grundbedürfnis nach Freiheit. Umso wichtiger ist es, dem anderen diese Distanz ohne Groll zuzugestehen, ihn abends mit Freunden ins Fußballstadion ziehen zu lassen, ohne sich am nächsten Morgen wütend die Zeitung vor das Gesicht zu halten. Manchmal kann es sogar eine gute Entscheidung sein, räumlich auseinanderzurücken und sich private Bereiche zu schaffen, in denen man für sich sein kann. Eine solche Distanz zuzulassen ist oftmals der beste Weg, wieder zueinanderzufinden.

In glücklichen Beziehungen gibt es keine Abhängigkeiten

Jeder Mensch kommt einzeln auf die Welt und geht am Ende auch wieder allein aus dem Leben. Und auch in der Zwischenzeit sollten im Idealfall keine Abhängigkeiten entstehen. Ganz zu vermeiden ist dies im Beziehungsalltag nicht, denn während der eine Partner zuhause das Baby hütet, ist er/sie darauf angewiesen, dass die Partnerin/der Partner derweil das Geld nach Hause bringt. Der andere wiederum sollte sich darauf verlassen können, dass der Partner/die Partnerin das Kind gut betreut. Dennoch sollte niemand eine Beziehung eingehen, weil er beispielsweise nicht allein sein will. Das schafft eine Art von Abhängigkeit, die wiederum destruktiv auf die Beziehung einwirkt.

Zu guter Letzt

Mythos der Liebe: „AMEFI-Vorstellung"

Wir haben eine ideale Liebesbeziehung und gehen immer einen gemeinsamen Weg. Ja, wir leben „Alles-Mit-Einem-Für-Immer".[22]

Ich will nicht ausschließen, dass es dies gibt. Nur kenne ich bisher kein Paar, das dieses Prinzip tatsächlich lebt. Wenn es dieses Paar geben würde, wäre es der Star in den Talk-Shows und in der Regenbogenpresse.

Es gibt Paare, die eine sehr enge Beziehung führen und alles zusammen machen. Doch gibt es dieses Paar wirklich, das eine sehr enge symbiotische Beziehung führt, noch dazu mit einer leidenschaftlichen Sexualität?

In vielen Hollywoodfilmen und sogar vor dem Traualtar wird propagiert, man gehe nun einen gemeinsamen Weg. Noch provokanter gesehen bedeutet die partnerschaftliche Verbindung dann so etwas wie ein „Aneinanderkleben". Man bestreiche beide Seiten mit einem Tropfen Sekundenkleber, auf dass sie fest und untrennbar zusammenbleiben.

Für einige Liebespaare besteht die ideale Beziehung nicht darin, möglichst viel gemeinsam zu machen, sondern sich gegenseitig möglichst viele Freiräume zu lassen. In diesen Beziehungen gibt es nicht einen, sondern jeweils

---

22 Michael Mary, Lebt die Liebe die ihr habt, S. 18

drei Wege, die beschritten werden wollen. Jeder Partner behält dabei seine eigene Richtung bei. Beide gehen ihren vorherigen Lebensweg weiter, der sie auch auf den nun entstandenen dritten Lebensweg führte, der gemeinsam mit dem Partner beschritten wird. Eine Beziehung, in der das Paar niemals auch nur einen Schritt ohne den anderen tut, geht einen riskanten Weg. Diese Beziehung ist anfällig und zerbrechlich. Freiheit und Eigenständigkeit sind wichtige Standbeine in einer Beziehung.

Ich empfehle: Jeder sollte Zeit für sich haben, jeder sollte auch Zeit mit dem eigenen Geschlecht haben, und für Paare, die eine vertrauensvolle Beziehung haben, sollte auch Zeit mit dem anderen Geschlecht möglich sein.

Wer sich mit anderen trifft, eigene Erfahrungen macht und etwas erlebt, ohne dass der Partner immer direkt danebensteht, bringt wichtige neue Anregungen und Gesprächsstoff in die Beziehung ein. Eigene Erlebnisse sind wie ein Motor, der die Beziehung in Gang hält. Dieser Motor braucht ständig neues Öl auf dem Weg zur harmonischen Langzeitbeziehung.

Harmonie besteht aus Yin (Friede und Glück) und Yang (Streit und für sich einstehen). Es ist die Ausgewogenheit zwischen den beiden Seiten einer Medaille. Der Versuch, immer Yin zu erleben, ist nach meiner Beobachtung ein terroristischer Angriff auf die Beziehung und bedeutet Instabilität. „Yin und Yang [...] stehen für polar einander entgegengesetzte und dennoch aufeinander bezogene duale Kräfte oder Prinzipien, die sich nicht bekämpfen, sondern ergänzen."[23]

---

23 https://de.wikipedia.org/wiki/Yin_und_Yang

Nähe und Unabhängigkeit

… eine weitere Zutat einer langen Liebe. „Wahre Liebe lässt frei" – wie bleibt die Partnerschaft lebendig? Durch Freiheit. Was das für die Liebe bedeutet, erläutert Robert Betz im Interview: „Der Irrtum vieler Paare besteht darin zu glauben, dass – nachdem sie zusammengefunden haben – ihre beiden bisherigen Lebenswege in einen gemeinsamen münden. Das stimmt aber nicht. In Wahrheit gehen sie von nun an drei Wege. Sie geht ihren Weg, er geht seinen, und beide zusammen gehen einen dritten Weg, nämlich den als Paar. Eine Beziehung ist die Geschichte von Begegnungen zwischen zwei Menschen, in denen diese sich mit Achtung, Respekt und Neugier betrachten. Und nachdem diese Begegnungen stattgefunden haben, gehen wir wieder auseinander, und jeder geht auf seinem eigenen Weg weiter. Jeder sollte auch für sich sein und sich allein weiter entwickeln dürfen. Das ist der größte Liebesdienst, den zwei Menschen einander erweisen können."[24]

---

24 https://robert-betz.com/mediathek/robert-betz-in-den-medien/interviews-zum-lesen/wahre-liebe-laesst-frei/ Vgl. zu diesem Aspekt auch das Buch von Robert Betz: Wahre Liebe lässt frei, Kapitel 12, Abschnitt „Ich stehe zu meiner Wahrheit und gehe meinen Weg (siehe Literaturhinweise S. 93)

Lass uns Freiheit spüren

Kürzlich hörte ich den Song „Lass uns Freiheit spürn" von Uta Bresan. Lesen Sie sich den Songtext in Ruhe und bewusst durch. Wenn Sie Interesse haben, können Sie ihn auch in YouTube suchen, sich das Video ansehen und zuhören.[25] Bilden Sie sich Ihre Meinung.

> Lass uns Freiheit spürn
> Frag nicht, wo kommst du jetzt her
> Und mit wem ich gerade irgendwo war
> Und sieh mich nicht an, so, als müsst ich dir irgendwas sagen
> Mein Herz dreht sich immer um dich, doch bitte erdrücke es nicht
> Lass mich fliegen, ich lande allein immer wieder bei dir
> Lass uns immer unsere Freiheit spüren, denn dann werden wir uns nie verlieren,
> wir leben unsere Träume aus, wir werden uns finden, glaub mir, finden
> Lass uns immer unsere Freiheit spüren, ganz egal, was wir dabei riskieren,
> wir können uns doch sicher sein, wir werden uns finden, wiederfinden,
> Liebe ist verletzlich und stark, sie geht ganz allein ihren Weg
> und dann, wenn du nicht nach ihr greifst, wird sie dich umarmen,

---

25 www.youtube.com/watch?reload=9&v=kuYq-pBdP40

halt mich doch niemals zu fest, ich will leicht sein, wenn du mich lässt,
lass mich atmen so frei wie es ist
Lass uns immer unsere Freiheit spüren, denn dann werden wir uns nie verlieren,
wir leben unsere Träume aus, wir werden uns finden, glaub mir, finden
Lass uns immer unsere Freiheit spüren, ganz egal was wir dabei riskieren,
wir können uns doch sicher sein, wir werden uns finden, wiederfinden.[26]

Meine Meinung dazu ist die folgende: „Wenn ein Paar dazu in der Lage ist, dies so zu leben, im Idealfall dem anderen diese Freiheit zu gönnen, dann ist Vertrauen vorhanden, und es wird das gelebt, was ich hier in diesem Buch beschrieben habe: Ein Paar geht drei Wege, jeder den seinen und einen gemeinsamen. Jeder ist froh, ein Gegenüber zu haben, aber er ist nicht vom Gegenüber abhängig. Ich bin mir sicher, dass dies kein Weg ist, den jedes Paar gehen kann, weil einfach zu viele Ängste da sind und man aus diesem Grund wissen will, was das Gegenüber wann und wo mit wem gemacht hat. Meine Erfahrung ist: „Vertrauen verpflichtet, Misstrauen auch." Loten Sie aus, was Ihre Beziehung braucht, um dauerhaft glücklich zu sein.

---

26 Aus dem Album „Lass uns Freiheit spürn"

Was ich mit Ausloten meine, veranschaulicht die Parabel „Die Stachelschweine" von A. Schopenhauer.[27]

Eine Parabel

> Eine Gesellschaft Stachelschweine drängte sich an einem kalten Wintertage recht nah zusammen, um sich durch die gegenseitige Wärme vor dem Erfrieren zu schützen. Jedoch bald empfanden sie die gegenseitigen Stacheln, welches sie dann wieder voneinander entfernte. Wann nun das Bedürfnis der Erwärmung sie wieder näher zusammenbrachte, wiederholte sich jenes zweite Übel, so dass sie zwischen beiden Leiden hin und her geworfen wurden, bis sie eine mäßige Entfernung voneinander herausgefunden hatten, in der sie es am besten aushalten konnten.

Was jetzt nicht heißen soll, dass Sie Nähe und Distanz allein durch Leiden bestimmen oder ausloten sollen. Bei uns Menschen geht es auch um Freude und Glück. Es gibt in der Handlungsweise nicht das Optimale oder das Sub-Optimale. Loten Sie aus, was Ihre Beziehung braucht, damit Sie sich in der Beziehung glücklich fühlen.

Loten Sie aus, wie viel Nähe und Distanz Ihre Beziehung braucht, damit Sie glücklich sind.

---

27 https://lyrik.antikoerperchen.de/arthur-schopenhauer-die-stac
helschweine,textbearbeitung,469.html (17.1.2020). Sie finden
dort auch eine Analyse und Interpretation.

Liebe ist etwas Lebendiges

Brillanter Start, große Hoffnungen, viele Versprechen. Das Gefühl: Dieses Mal ist's für immer. Und dann doch wieder das Ende, Scherben, totes Land, verrottete Träume. Aber warum gehen so viele Beziehungen in die Brüche?

Vielleicht liegt das auch am weitverbreiteten Ideal unserer Zeit, der romantischen Liebe, die noch aus der Zeit der mittelalterlichen Minnesänger stammt.

Die Vorstellung, zwei verwandte Seelen müssten verschmelzen. Doch siamesische Zwillinge haben bekanntermaßen nicht die besten Überlebenschancen, zumal nicht in unserer schnelllebigen Zeit.

Dann gibt es noch das gegenteilige Problem. Das Auseinanderdriften der Partner durch Siebzig-Stunden-Wochen und gnadenlose Selbstverwirklichung und Überlastung der Paarbeziehung, bei der die Liebe und vieles andere auf der Strecke bleiben.

Keine leichte Aufgabe, diese Balance aus Intimität und Individualität, aus Nähe und Unabhängigkeit, aus dem gemeinsamen Weg und dem eigenen Weg zu finden.

Aber lasst Raum zwischen euch

In seinem 1923 erschienenen Buch „Der Prophet" schreibt der libanesisch-amerikanische Dichter und Philosoph Khalil Gibran über das Geheimnis einer langen Liebe:

... Aber lasst Raum zwischen euch. Und lasst die Winde des Himmels zwischen euch tanzen.
Liebt einander, aber macht die Liebe nicht zur Fessel:
Lasst sie eher ein wogendes Meer zwischen den Ufern eurer Seele sein.
Füllt einander den Becher, aber trinkt nicht aus einem Becher.
Gebt einander von eurem Brot, aber esst nicht vom selben Laib.
Singt und tanzt zusammen und seid fröhlich, aber lasst jeden von euch allein sein.
So wie die Saiten einer Laute allein sind und doch von derselben Musik erzittern.
Gebt eure Herzen, aber nicht in des anderen Obhut.
Denn nur die Hand des Lebens kann eure Herzen umfassen.
Und steht zusammen, doch nicht zu nah:
Denn die Säulen des Tempels stehen für sich,
Und die Eiche und die Zypresse wachsen nicht im Schatten der anderen.[28]

---

28 https://robert-betz.com/mediathek/inspirationen/lasst-raum-zwischen-euch/ (17.01.2020)

Liebe ist etwas Lebendiges. Dafür braucht Liebe, wie alles was lebt, Luft zum Atmen und Freiheit. In dem Wort Freiheit liegt auch das Wort Vertrauen. Freiheit kann nur geschehen, wenn auf beiden Seiten Vertrauen vorhanden ist.

Manchmal

Gesungen von Peter Kraus[29]

Manchmal dreht die Welt sich für dich viel zu schnell.
Manchmal glaubst du, sie bleibt plötzlich steh'n.
Manchmal hast du Angst, sie könnte untergeh'n
Und manchmal willst du sie nicht seh'n.
Manchmal freust du dich und fühlst das Glück ganz nah.
Manchmal bist du schwach und so allein.
Manchmal denkst du: Das war alles schon mal da.
Und manchmal fragst du: Kann das sein?
Wär' das Leben leicht und nicht so schwer,
Dann wär' es nicht so spannend, vielleicht öd und leer.
Was besser gewesen wär', das weiß man erst hinterher.
Manchmal sehnst du dich nach etwas Zärtlichkeit.
Manchmal willst du keinen Menschen seh'n.
Manchmal bist du traurig, tust dir selbst schon leid
Und manchmal kannst du nichts versteh'n
Wär' das Leben leicht und nicht so schwer,
Dann gäb' es auch kein Kämpfen, keine Siege mehr.

---

29 Musixmatch. Songwriter: John C. Gummoe. Songtext von Manchmal © Warner-tamerlane Publishing Corp.

Das Glück musst du suchen, denn es läuft dir nicht
hinterher.
Manchmal bist du stark und sagst: Jetzt geh ich's an.
Manchmal fühlst du dich nur noch gehetzt.
Manchmal hast du Angst, was noch passieren kann
Und manchmal denkst du: Was kommt jetzt.
Würde alles leichter geh'n
Würden wir nie uns're Grenzen seh'n.
Wär' das Leben nur noch halb so schön.[30]

Freiheit

Gesungen von den „Söhnen Mannheims"[31]

Man kann es nicht beschreiben
Und dementsprechend kann man schlecht darüber
singen
Dieses Gefühl von Freiheit
Wie soll der Funke überspringen
Wenn ich nicht weiß und du nicht weißt
Was Freiheit heißt
Wofür haben wir dann gelebt?
Nur fürs Fressen, Kiffen, Fernsehen?
Wovon haben wir gelebt?
Wirklich nur von Wasser, Nahrung, Wärme?

---

30 Musixmatch, https://www.musixmatch.com/de, Songwriter:
   John C. Gummoe, Songtext von Manchmal © Warner-tamerlane Publishing Corp.
31 https://genius.com/Sohne-mannheims-freiheit-lyrics aus dem
   Album Barrikaden von Eden

Freiheit heißt Liebe
Freiheit heißt gib mir Raum
Freiheit heißt Treue
Freiheit ist ein Menschheitstraum
Freiheit heißt Rücksicht
Freiheit heißt Toleranz
Freiheit heißt hilf mir
Ich glaube Freiheit bleibt weiterhin unerkannt [...]

Fazit für eine glückliche Liebesbeziehung

Wer seiner Beziehung zuliebe auf etwas Wichtiges verzichtet, für den ist diese Liebesbeziehung noch wichtiger als die Erfüllung anderer Wünsche oder Bedürfnisse. Glückliche Paare haben aufgehört, ihre Beziehung an die eigenen Vorstellungen anpassen zu wollen, stattdessen passen sie sich an ihre Beziehung an.

Es gibt nicht das eine Geheimnis, das eine Beziehung zu einer glücklichen Beziehung macht.

Die einzig zulässige Frage lautet demnach: Was ist diesen beiden Menschen in dieser Phase ihrer Beziehung unter diesen äußeren und inneren Umständen miteinander möglich? [...][32]

Alles-Mit-Einem-Für-Immer-Beziehungen sind eine zugegeben schöne Illusion. Partner können den Eindruck gewinnen, alles miteinander zu haben, aber dieser Eindruck hält nicht ewig. Dennoch können Beziehungen genug geben und für die Partner wertvoll genug sein,

---

32 Michael Mary, Lebt die Liebe, die ihr habt, Kindle-Positionen 2149-2150

um sie aufrechtzuerhalten, gern auch lebenslang. Konfliktfreie Beziehungen sind unmöglich.[33]

Beziehungen brauchen sogar Konflikte, um sich regulieren zu können. Streit erzeugt Gemeinschaft und Gemeinschaft erzeugt Streit. Paarkonflikte sind Voraussetzungen für eine individuelle und gemeinschaftliche Entwicklung. Konflikte erzeugen mehr Stabilität als Harmonie. Ein terroristischer Angriff auf die Autonomie ist es, immer lieb und nett zu sein.

„Eine Beziehung geht nicht deshalb weiter, weil Partner alles richtig machen, sondern weil sie das Scheitern von Erwartungen, Hoffnungen, Plänen und Absichten gemeinsam bewältigen."[34]

Illusionen loszulassen kann mitunter schwerfallen und schmerzhaft sein, danach hat man aber Handlungsfreiheit, um das zu realisieren, was in der Beziehung möglich ist.

Eine Beziehung muss nicht alles geben, es genügt, wenn sie das Gefühl gibt, schön und wertvoll zu sein, wenn sie eine gewisse Zufriedenheit erzeugt, wenn das Leben in und mit der Beziehung als besser erscheint als das Leben ohne sie.

Die Bedingung, eine Beziehung weiterzuführen, lautet irgendwann immer: „Ich bleibe nur, wenn ich in unserer Beziehung der sein kann, der ich bin und sein will und wenn ich der sein kann, der ich inzwischen geworden bin."

Eine Beziehung auszuloten erfordert die liebevolle

---

33 Michael Mary, Lebt die Liebe, die ihr habt, Kindle-Positionen 2409-2412
34 a. a. O.

und vertrauensvolle Selbstoffenbarung beider Partner und darüber hinaus, wahrzunehmen, wie die Beziehung darauf reagiert.

Wie funktioniert eine gute Paarberatung

Auf dem Markt der Paarberatung wird – wie in jedem anderen Angebot auch – fast alles angeboten, was Partner sich wünschen. Von aufrichtigen ergebnisoffenen Beratungsangeboten bis zu völlig unseriösen Garantien ist alles zu finden. Sie werden selbst die Wahl treffen müssen, was zu Ihnen passt. Vielleicht kann Ihnen der eine oder andere Anhaltspunkt dienlich sein.

Meine Meinung und Einschätzung ist die:

In einer Paarberatung kann es keine Erfolgsgarantie geben. Ich gehe sogar so weit, dass eine Erfolgsgarantie unseriös ist, da niemand am Anfang weiß, was letztendlich als Erfolg bezeichnet werden kann.

Bedenken Sie weiter: Auch die gesuchte Lösung kann das Problem sein, denn oft ist das, was Sie als Problem sehen, die Lösung für Ihre Beziehung, damit diese Beziehung einen Bestand hat, nicht instabil wird und es nicht zur Trennung kommt.

Mein Ansatz der „erlebten Paarberatung" ist Michael Marys Ansatz von der „erlebten Beratung mit Paaren" sehr ähnlich: eine Beziehung nicht mit dem Blick des „reparaturbedürftigen Mangels" zu betrachten, sondern zu schauen, welche spezielle Art von Beziehung sich zwischen zwei speziellen Menschen entwickelt hat und diese dann auszuloten.

Ein Paar lebte 25 Jahre zusammen und hatte zwei Kinder. Das Paar hatte sich in diesen 25 Jahren auseinandergelebt. Die Trennung (ein Tag nach der silbernen Hochzeit) war nach 25 Jahren dramatisch. Jeder besuchte eine Trennungsberatung, um den Trennungsschmerz zu verarbeiten. Der Mann bemerkte in einer Sitzung: „Es wäre ja vielleicht alles anders verlaufen, wenn unsere Sexualität nicht eingeschlafen wäre!"

Der Paarberater antwortete: „Ja, denkbar. Es wäre aber auch möglich gewesen, dass die Trennung viel früher gekommen wäre. Vielleicht hätten Sie die Nähe gar nicht ausgehalten, und es wäre früher zur Trennung gekommen. Kein Sex in dieser Beziehung kann hier die Lösung gewesen sein, dass die Beziehung überhaupt so lange gehalten hat."

Gehen Sie davon aus: Wenn Sie über eine lange Zeit ein Verhalten zeigen, könnte dies auch eine Lösung sein. Die Lösung mag nicht unbedingt unseren Sehnsüchten und unseren Vorstellungen entsprechen, doch sie kann die Beziehung stabil halten.

Wenn ein Verhalten über eine längere Zeit besteht, hat das Verhalten einen Sinn für den, der das Verhalten ausübt.

Wenn Sie ein Problem haben und dafür eine Lösung suchen, fragen Sie sich doch einmal ernsthaft: „Für was könnte das Problem eine Lösung sein?" Wenn Sie sich dann in einer Paarberatung Hilfe holen, und eine Tatsache, die Sie als Problem sehen, sich nicht ändert, wenn Sie alle möglichen Versuche starten, etwas zu ändern und es ändert sich nicht, können Sie mit Sicherheit davon ausgehen, dass das Verhalten, das Sie als Problem sehen, eine Lösung ist. Beleuchten Sie das Verhalten einfach mal von einer anderen Seite.

Grundannahmen der systemischen Paartherapie[35]

Jeder Mensch
1. ist ein autonomes Wesen,
2. entscheidet gemäß seiner inneren Selbstorganisation,
3. bildet kontinuierlich Sichtweisen über seine Wirklichkeit,
4. trifft zu jeder Zeit genau die für ihn in diesem Moment richtige Entscheidung,
5. trifft seine Entscheidungen unter Einbezug seiner sozialen Umwelt,
6. besitzt Potenziale zur inneren Umstrukturierung,
7. hat die Fähigkeit zu innerem Wachstum,
8. besitzt Erfahrungen im Lösen von Problemen,
9. ist in der Lage, für ihn nützliche Erfahrungen zu integrieren,
10. ändert sich, wenn es sich subjektiv für ihn lohnt.

---

35 Gefunden auf https://www.beratung-geyer.at/was-ist-beratung/beratungsansatz/grundannahmen-systemischen-denkens/ (02.02.2020)

Was zu beachten wäre, ist …

Es gibt keine gesicherten Erfolgsrezepte für eine dauerhafte glückliche Beziehung. Es geht nach meiner Meinung nur über den Weg des Auslotens. Es gibt so viele Bücher und Artikel im Internet und in Zeitschriften, die die vielen Geheimnisse der glücklichen Paarbeziehung verkünden. Ich frage mich da immer: „Für welches Paar gilt dies?" Wer die sogenannten Geheimnisse des Glücks verbreitet, sagt oft nichts anderes als „Du musst nur alles richtig machen und nur ernsthaft wollen, dann wird sich das Glück schon einfinden". Damit wird Ihnen aber auch gleichzeitig unterstellt, dass Sie derzeit etwas falsch machen.

Ich behaupte, Sie machen nichts falsch. Alles was Sie tun, hat in diesem Moment, in dem Sie etwas tun, einen Sinn. Schnelle Entscheidungen, die sogenannten Affekthandlungen (ich nenne es Autopilot) kommen aus dem Unbewussten. Oft sind es Lösungen, die früher einmal zu einem guten Ergebnis geführt haben und unbewusst übernommen werden. Zudem gilt:

- ❖ Es ist nicht möglich, dauerhaft glücklich zu sein. Glück muss vorbeigehen. Das ist eine gute Nachricht. Der Tod macht das Leben wertvoll, das Unglück macht das Glück wertvoll. Ein ewiges Leben wäre grausam. Es wäre langweilig, immer glücklich zu sein. Sehen dazu den Text „Manchmal" auf Seite 78.
- ❖ Jeder Mensch ist ein Mysterium und hat eine andere Lebensgeschichte und damit eine andere Prägung aus der Vergangenheit. Daher reagiert und interpretiert jeder Mensch das Gehörte oder das

Gesehene anders. Die Bedeutung einer Botschaft entsteht im Kopf des Empfängers. Ausloten, was glücklich macht, ist wohl das Einzige was generell passt. Denken Sie an das Sprichwort „Umwege erhöhen die Ortskenntnis".

Vermeiden und misstrauen Sie ...

Michael Mary schreibt in seinem Buch „Lebt die Liebe, die ihr habt" Folgendes zur Wahl der Praxis für Paarberatung:

„Meiden Sie eine AMEFI-Beratung.[36] Auch Therapeuten und Berater unterliegen oftmals Idealisierungen. Misstrauen Sie Aussagen die so oder ähnlich klingen: Es ist alles miteinander möglich, wenn ihr es nur wollt ... Wenn ihr hart genug an eurer Beziehung arbeitet, könnt ihr sie gestalten ... Wenn ihr die nötigen Fertigkeiten erwerbt, bekommt ihr, was ihr wollt ... Wenn ihr unserem Beispiel folgt, gelingt es euch auch. Misstrauen Sie einer Beratung auch dann, wenn Formulierungen der folgenden Art darin auftauchen: Sie können Ihr Ziel erreichen, wenn Sie wirklich wollen. Es hängt davon ab, ob sie tatsächlich bereit sind. Sie müssen zu wahrer Liebe fähig werden."[37]

---

36 AMEFI-Vorstellung. Alles-Mit-Einem-Für-Immer.
37 Michael Mary, Lebt die Liebe, die ihr habt, S. 189 f.

Dankesworte

Wenn ein Buch erscheint, dann steht nur der Name des Autors auf dem Titel. Dabei heißen die wichtigsten Personen, die während der Entstehung des Buches neben und hinter mir standen, Doris Nickel, Katrin Winkler, Britta Johannsen und Michael Zuch. Ohne diese Menschen gäbe es das Buch nicht in dieser Form. Doris ist meine Liebespartnerin, Ehefrau und Lebensgefährtin sowie kritische Leserin. In vielen intensiven Gesprächen und auch mitten im Alltag inspirierte sie mich immer wieder zu neuen Gedanken, Inhalten und zur Struktur des Buches.

Katrin Winkler gab meinen Texten „die Frische von der Küste". Britta Johannsen übernahm das Korrekturlesen. Michael Zuch tätigte das Lektorat und den Buchsatz, übernahm das Schlusslektorat, entwarf den Buchumschlag und unterstützte mich bei der Wahl des Verlages.

Insbesondere die Verlagswahl stellte eine besondere Herausforderung dar. Im besten Glauben hatte ich nicht damit gerechnet, wie viele Verlage nicht nur die Seiten drucken, sondern auch meine „Seele" haben wollten. Ich musste lernen, wie unterschiedlich Verlage ihre Pflichten wahrnehmen, und auch, dass die Herausgabe eines E-Books mit vielen rechtlichen Fragen verbunden ist. Am Ende ist dank der Hilfe und der vertrauensvollen Zusammenarbeit aller Beteiligten dieses Buch entstanden, das ich nun mit Stolz an Sie übergeben möchte.

Über den Autor

Mein Name ist Bernd Nickel. Ich bin Jahrgang 1951, zertifizierter systemischer Berater, Coach, systemischer Paartherapeut und systemischer Sexualtherapeut. Meine Ausbildungen habe ich unter anderem an der Katholischen Hochschule Mainz, am Systemischen Institut Heidelberg (SIH) bei PD Dr. Arnold Retzer und in der Internationalen Gesellschaft für Systemische Therapie (IGST) bei Prof. Ulrich Clement absolviert.

Außerdem habe ich an zahlreichen Seminaren und Fortbildungen teilgenommen. Bedeutend und wegweisend für mich war das Seminar „Erlebte Beratung von Paaren" bei Michael Mary in Hamburg.

In meinen Beratungspraxen in 67269 Grünstadt und 67316 Carlsberg arbeite ich nach dem Grundsatz der lösungsorientierten Beratung. Den Weg in ein neues, glückliches Leben finden die Paare allein – ich gebe keine To-do-Anleitungen, kein Rezept für glückliche Partnerschaften heraus, sondern begleite die Gespräche, berate und unterstütze dabei. Jedem Paar begegne ich in den Gesprächen vollkommen vorurteilsfrei, was die Lebensweise, die Liebesbedürfnisse oder die jeweilige Paarkonstellation betrifft. Jeder Klient hat eine eigene Persönlichkeit und bewertet seine Lage aus individuellen Erfahrungen, Erlebnissen und Lebensansichten heraus. Das respektiere ich durch mein situationsbedingtes Einfühlungsvermögen.

In meine tägliche Arbeit mit den Paaren fließen nicht nur die erlernten Fachkenntnisse ein, sondern auch ganz private und persönliche Erfahrungen mit der Liebe. Und davon gibt es in meinem Leben reichlich. Ich bin Vater von zwei wunderbaren erwachsenen Kindern und kann bislang, was die Liebe angeht, auf ein ereignisreiches Leben zurückblicken. Es gab Höhenflüge und Trennungen, Hochzeit und Scheidung, Liebeskummer und neue Liebe. Ich habe wie viele meiner Klienten das gesamte Spektrum des Beziehungserlebens mit allen Höhen und Tiefen erlebt und bin inzwischen in einer glücklichen Beziehung angekommen, die sehr lebendig ist. Das verdanke ich jeder einzelnen Erfahrung, die ich bis zu diesem Punkt gemacht habe.

Ich glaube fest daran: Wenn jeder Mensch wüsste, dass in jedem Problem das Glück der Liebe steckt, dann würden wir im Paradies leben. Aber es gibt noch eine andere gute Nachricht: „Das Glück muss vergehen" – auch davon handelt dieses Buch.

Mit den vorliegenden Zeilen möchte ich Ihnen gerne die Hand reichen, damit Sie genau das auch für sich selbst erfahren können.

Zum Abschluss zwei Weisheiten, die die mich seit mehr als fünf Jahrzehnten begleitet haben.

> „Jeder Nachteil trägt in sich den Keim eines noch größeren Vorteils! Oft erweisen sich scheinbare Nachteile als Glück im Unglück." [38]

und

> „Es gibt kein ,Misslungen', sondern nur ein ,Noch-nicht-gelungen'".

---

[38] https://www.manifestation-boost.de/3-botschaften-von-napoleon-hill-aus-dem-buch-erfolg-durch-positives-denken/

Meine systemische Beratungspraxis

www.erlebte-paarberatung.de

In meiner Systemischen Beratungspraxis mit Praxen in 67269 Grünstadt und 67316 Carlsberg in der Pfalz habe ich ein umfangreiches Beratungsangebot geschaffen. Zu den Schwerpunkten meiner Praxis gehören neben der Paarberatung auch die Sexualberatung und die Trennungsberatung. Paare und Einzelpersonen (Einzelpartner, Singles und Mingles[39]) nutzen das Beratungsangebot, um neue Wege in eine glückliche Zukunft zu finden – mit und ohne Partner. Mein Beratungsansatz ist systemisch lösungsorientiert. Am Anfang der Beratung ist das Ergebnis immer offen.

Meinen Klienten trete ich wertfrei und auf Augenhöhe entgegen – egal, in welcher Liebes- und Lebenskonstellation sie sich befinden. Paare und Einzelpersonen finden in der Praxis einen neutralen Raum, in dem sie offen über ihre Probleme sprechen können und Abstand vom Alltag gewinnen. Als zertifizierter systemischer Berater begleite ich sie auf diesem Weg und gebe dabei vor allem Hilfe zur Selbsthilfe. Ich bewerte nicht, gebe keine generellen Ratschläge und hole auch keine fertigen Lösungen aus der Schublade, sondern

---

39 Der neue Beziehungstrend: unverbindliche Halbbeziehungen, kurz: Mingles

90

sehe mich als Spiegel, in dem sie ungefiltert und fernab der täglichen Einflüsse ihre Situation bewerten. Auf dieser Basis wird eine effektive Lösungsfindung ermöglicht. Die Praxis führe ich zusammen mit meiner Frau Doris Nickel, die ebenfalls eine zertifizierte systemische Paartherapeutin ist. Ihr Fokus ist die systemische Beratung in englischer Sprache. Gemeinsam haben wir außerdem das Angebot geschaffen, als Beraterpaar ein Klientenpaar zu beraten.

Für Paare, die einen längeren Anfahrtsweg haben, biete ich eine Intensiv-Paarberatung in Kombination mit einer Kurz- und/oder Wellnessreise an. Die Intensiv-Paarberatung ist für alle Paare geeignet, die eine schnelle Veränderung der aktuellen Situation erfahren wollen. Menschen in Fernbeziehungen und beruflich stark eingebundene Paare profitieren ganz besonders von diesem Ansatz. Nehmen Sie sich bewusst eine Auszeit von zwei oder drei Tagen, um sich ganz auf sich oder Ihre Partnerschaft zu konzentrieren. So können Sie eine tragfähige Lösung für die Zukunft finden.

Für Paare entsteht eine Atmosphäre, die Gespräche und Begegnungen in größerer Offenheit und Aufrichtigkeit als im Alltag ermöglicht. Die Erkenntnisse aus den Sitzungen wirken besonders in der Zeit zwischen den Sitzungen weiter. Auf diese Weise werden eine große Gedankentiefe und Wirkungskraft erzielt. Oft lassen sich therapeutische Prozesse im Wege einer Intensiv-Paarberatung beschleunigen. Paare und Einzelpersonen kommen bei dieser Gelegenheit auch sehr mit sich selbst in Kontakt.

Literaturhinweise

Michael Mary:

    Lebt die Liebe, die ihr habt – Wie Beziehungen halten

    Verlag Henny Nordholt, Lüttow-Valluhn 2018

    Buch: ISBN 978-3-926967-97-8

    EPUB: ISBN 978-3-946370-10-9

Peter Dogs und Nina Poelchau:

    Gefühle sind keine Krankheit. Warum wir sie brauchen und wie sie uns zufrieden machen

    Ullstein Buchverlage GmbH, Berlin 2017

    ISBN 978-3-550-08195-8

Bernd Nickel:

    Im Spiegel der Liebe – Wege zu einer glücklichen Paarbeziehung

    Tredition GmbH, Hamburg 2018

    Paperback: ISBN 978-3-7469-2395-6

    Hardcover: ISBN 978-3-7469-2396-3

    E-Book: ISBN 978-3-7469-2397-0

Robert Betz:

    Wahre Liebe lässt frei. Wie Frau und Mann zu sich selbst und zueinander finden

    Wilhelm Heyne Verlag, München 2014

    ISBN 978-3-453-70252-3

Khalil Gibran:

    Der Prophet

    Anaconda Verlag, Köln 2006

    ISBN 3-938484-97-7

Der Autor weist ausdrücklich darauf hin, dass im Text enthaltene externe Links nur bis zum Zeitpunkt der Buchveröffentlichung eingesehen werden konnten. Auf spätere Veränderungen hat der Autor keinen Einfluss. Eine Haftung des Autors ist daher ausgeschlossen.

Auch hat sich der Autor bemüht, alle Rechteinhaber der aufgeführten Zitate ausfindig zu machen und verlagsüblich zu nennen. Sollte ihm dies im Einzelfall nicht möglich gewesen sein, bittet er um Nachricht durch den Rechteinhaber.

Bernd Nickel

Im Spiegel
der Liebe

Wege zu einer lebendigen
glücklichen Paarbeziehung

:tredition°

300 Seiten

Paperback	14,99 EUR	ISBN 978-3-7469-2395-6
Hardcover	23,50 EUR	ISBN 978-3-7469-2396-3
e-Book	9,99 EUR	ISBN 978-3-7469-2397-0

Bernd Nickel

Im Spiegel der Liebe
Wege zu einer glücklichen Paarbeziehung

Dieses Buch ist eine Zumutung und eine Erleichterung. Eine echte Herausforderung ist es für all jene, die bislang glaubten, es gäbe diese eine große Liebe, die über Grenzen hinweg Paare zusammenschweißt, ohne dass dafür eine Gegenleistung gebracht werden müsse. Erleichtert werden die anderen darin lesen, dass wir die Liebe beeinflussen können und sogar müssen. Während die einen vielleicht ein Leben lang vergeblich auf den einen Partner, auf die große Liebe warten, dürfen die anderen folgende Erkenntnis aus diesem Buch mitnehmen und für immer bei sich tragen: „Leben Sie in einer Partnerschaft das, was möglich ist, und versuchen Sie nicht, den Partner zu ändern, versuchen Sie nicht, ihn zurechtzubiegen."

Als systemischer Paarberater habe ich viele Neuanfänge, aber auch Trennungen begleitet. Ich habe Paare erlebt, die hohe Erwartungen an ihre Partnerschaft hatten und den typischen Mythen von dauerhaftem Begehren, wilder Sexualität und ewiger Treue aufgesessen sind, an denen viele Partnerschaften heute scheitern.

Das Buch beschäftigt sich mit dem Phänomen der Liebe und geht dabei eingangs auf die theoretischen Fragen zur Liebe sowie die Entwicklung und Bedeutung der Ehe über die Jahrhunderte hinweg ein. Es greift zentrale Themen der Partnerschaft auf wie Liebe, Treue, Eifersucht, Monogamie, Freiheit, Bindungsangst und Narzissmus. Welche Rolle spielen Sex, Macht und Geld in einer Partnerschaft und welche Gewichtung dürfen sie haben, damit die Liebe auf Dauer eine Chance bekommt?

Sie lernen authentische Beispiele von Paaren aus meiner Praxis kennen, die mit verschiedenen Problemen zu mir gekommen sind und ganz unterschiedliche Lösungsansätze für sich gefunden haben. Dabei gab es nicht immer einen Neuanfang, aber jedes Paar hat etwas Entscheidendes für sich gelernt: Die Liebe ist oft nicht viel mehr als ein Spiegel, in dem wir uns selbst begegnen.

Raum für Ihre Notizen

„Liebe ist die gemeinsame Freude an der wechselseitigen Unvollkom-
menheit."
Carl Ludwig Börne (1786 Frankfurt am Main – 1837 in Paris)

„Ein eigenes Leben unabhängig von der Beziehung zu haben und ein solches dem Partner zu gönnen gehört sicher auch zu den Geheimnissen manch glücklicher Paare."
Michael Mary, Lebt die Liebe die ihr habt: Wie Beziehungen halten, S.184

Raum für Ihre Notizen

Gutschein für eine Paarberatung*

Wert 50 Euro

* Diesen Gutschein haben Sie mit dem vorliegenden Buch erworben. Es ist ein Verrechnungsgutschein, den Sie ausschließlich bei der „Erlebten Paarberatung Nickel" www.erlebten-paarberatung,de einlösen können, indem Sie eine Paarberatung in unserer Praxis in Anspruch nehmen und den Gutscheinbetrag von der Rechnung asbziehen. Dazu bringen Sie bitte das Buch mit zur Paarberatung. Pro Paar kann nur ein Gutschein eingelöst werden. Eine Auszahlung des Betrages ist ausgeschlossen. Ein Rechtsanspruch besteht nicht.

Ein Gutschein* ist nicht nur ein sinnvolles, sondern auch ein wertvolles Geschenk für Sie selbst, Ihren Partner, Ihre Eltern oder einen anderen Menschen, der Ihnen wichtig ist.

Besonders wenn Menschen schon länger nach einer passenden Lösung suchen und die Lösung nicht finden, ist ein solcher Gutschein ein guter Schritt, um sich mit fachlicher Unterstützung in Richtung einer glücklichen Beziehung zu bewegen.

Paare, die nicht aus der Region Pfalz kommen, möchten wir zu einer Paarberatung mit Kurzurlaub in der Pfalz inspirieren. Es ist eine Paarberatung kompakt: klärend, wegweisend, lösungsorientiert und nachhaltig. Paare aus dem gesamten deutschsprachigen Raum, aus Deutschland, Österreich, Schweiz und Südtirol haben solche Intensiv-Paarberatungen wahrgenommen und gute Erfahrungen gemacht.

Offenheit. Fokussierung. Klare und konkrete Sprache. Vertrauensvolle Begegnung. Vielfältige Anstöße und Zielgenauigkeit. Ein bewährtes Beratungskonzept.

* Es gelten die umseitigen Bedingungen.

Zeitfracht Medien GmbH
Ferdinand-Jühlke-Straße 7
99095 Erfurt, Deutschland
produktsicherheit@kolibri360.de